Albert Leißmann (Hg.)

Beethovens Persönlichkeit

Urteile der Zeitgenossen

Band 1

www.elv-verlag.de

Leißmann, Albert (Hg.)
Beethovens Persönlichkeit
Urteile der Zeitgenossen
Band 1

ISBN: 978-3-86267-188-5

Auflage: 1
Erscheinungsjahr: 2011
Erscheinungsort: Bremen, Deutschland

Europäischer Literaturverlag GmbH, Fahrenheitstr. 1, 28359 Bremen (www.elv-verlag.de).

Bei diesem Titel handelt es sich um den Nachdruck eines historischen, lange vergriffenen Buches aus dem Jahr 1914. Da elektronische Druckvorlagen für diesen Titel nicht existieren, musste auf alte Vorlagen zurückgegriffen werden. Hieraus zwangsläufig resultierende Qualitätsverluste bitten wir zu entschuldigen.

Beethovens Persönlichkeit

Urteile der Zeitgenossen

gesammelt und erläutert

von

Albert Leitzmann

Erster Band
1770—1816

Im Insel-Verlag zu Leipzig 1914

Gottfried Fischer.

Wie Ludwig van Beethoven was angewachsen war, ging er in die Neugasse, die an die Rheingasse anstößt, Haus Nr. 1091, zu Herrn Lehrer Huppert in die Elementarschule, ist auch nachher in die Münsterschule gegangen; er hat nach seines Vaters Aussage nicht viel in der Schule erlernt, deswegen hat ihn sein Vater so früh an das Klavier gesetzt und ihn streng angehalten.

Cäcilie Fischer bezeugt, wie sein Vater ihn am Klavier anführte, mußte er auf einem Bänkchen stehen und spielen. Das hat ehemals unser Oberbürgermeister Windeck auch gesehen.

Ludwig van Beethoven erhielt weiter auch täglich Lehrstunde auf der Violine. Ludwig spielte einmal ohne Noten, zufällig kam sein Vater herein, sagte: „Was kratzest Du da nun wieder dummes Zeug durcheinander! Du weißt, daß ich das gar nicht leiden kann: kratz nach den Noten, sonst wird Dein Kratzen wenig nutzen." — Wenn Johann van Beethoven zufällig Besuch erhielt und Ludwig kam darüber herein, streifte er sich gewöhnlich um das Klavier herum, machte mit der rechten Hand Griffe aufs Klavier. Sagte sein Vater: „Was sprudelst Du da wieder, geh weg, sonst geb ich Dir Ohrfeigen." — Sein Vater wurde zuletzt, wenn er ihn Violine spielen hörte, aufmerksam, er spielte wieder nach seinem Sinne ohne Noten. Da kam sein Vater herein: „Hörst Du denn gar nicht auf nach all meinem Sagen?" — Er spielte wieder, sagte zu seinem Vater: „Ist denn das nicht schön?" — Sagte sein Vater: „Das ist nur was anderes, allein aus Deinem Kopf; dafür bist Du noch nicht da, befleißige Dich auf dem Klavier und der Violine, mach geschwind richtige Angriffe auf die Noten, daran ist mehr gelegen; wenn Du es mal so weit gebracht hast, dann kannst Du und mußt Du mit dem Kopfe noch genug arbeiten. Aber damit gib Dich jetzt nicht ab, Du bist noch nicht dafür da." — Ludwig van Beethoven erhielt auch nachher täglich Lehrstunde auf der Bratsche.

Wie Ludwig van Beethoven was mehr angewachsen war, oft schmutzig, gleichgültig, sagte Cäcilie Fischer zu ihm: „Wie siehst Du wieder so schmutzig aus, Du solltest Dich was propper halten!" — Sagte er: „Was liegt daran? Wenn ich mal ein Herr werde, dann wird mir das keiner mehr ansehen."

Wie Ludwig van Beethoven von seinem Vater am Klavier gut zugenommen hatte und er bald fühlte, daß er über Noten und Klavier glaubte Meister zu sein, erhielt er Mut und Laune, auf der Orgel zu spielen und Lehre anzunehmen. Daher ging er auf Versuche ins hiesige Franziskanerkloster zum Herrn Bruder Willibald, der ein tüchtiger Meister war und der seinen Vater Johann van Beethoven gut kannte. Er nahm ihn mit Erlaubnis des Paters Guardian ganz gefällig an und gab ihm Unterricht, wobei er ihn in dem Kirchenritus unterrichtete und so weit kam, daß er ihn oft als Gehilfen gut gebrauchen konnte und er deshalb bei Bruder Willibald sehr beliebt und geachtet war.

Wie Ludwig van Beethoven nachher auf der Orgel kühner wurde, mochte er auch gern auf einer größeren Orgel spielen und machte den Versuch in dem Minoritenkloster. Er kam mit dem Organisten auch so weit in Freundschaft, daß er sich da festmachte, morgens um 6 Uhr in der heiligen Messe die Orgel zu spielen. Die Bank ist daselbst noch befindlich, auf der er oft gesessen. Es war auch im Kloster ein Pater Hanzmann, der auch ein guter Organist war, der auch, wenn es ihm beliebte, die Orgel spielte. Wenn nun Beethovens Konzert im Hause hatten, fand sich Pater Hanzmann immer ein. Ludwig konnte ihn nicht leiden und sagte zu Cäcilie: „Der Mönch, der findet sich auch immer hier ein, der könnte auch wohl in seinem Kloster bleiben und sein Brevier dafür beten."

Es war ein Mensch mittlerer Jahre in Bonn, namens Stommb, der früher auch Musiker war und komponieren gelernt hatte. Er war dadurch, wie man sagte, irrsinnig geworden, hatte die Gewohnheit, durch die Stadt zu gehen, in der rechten Hand einen Taktschläger und in der linken eine Rolle Noten; er redete kein Wort. Wenn er in die Rheinstraße Nr. 934 ins Unterhaus kam, wo keiner an ihn dachte, schlug er mit seinem Stock im Unterhaus auf den Tisch und wies nach oben auf Beethovens Wohnung, als wollte er zu verstehen geben, daß da auch Musiker wären, und schlug dann mit dem Taktschläger auf die Noten den Takt, redete kein Wort.
Ludwig van Beethoven lachte oft darüber, sagte mal: „Da können wir sehen, wie es den Musikern ergeht; dieser ist schon durch die Musik irre geworden. Wie mag es uns noch ergehen?" —
Es scheint, als wenn es diesen unsinnigen Musiker schon geahnt hätte; wenn er dann herausging, auf der Straße war, dann wies er auf Beethovens Quartier und schlug mit dem Taktschläger auf die Noten, ging fort.
Wenn das Sprichwort oft angenommen wird, die Kinder und die Gecken deuten oft die Wahrheit an, so könnte man denken, er hätte sagen wollen, daß Ludwig van Beethoven als ein großer Mann ausgehen werde, von dem noch viel gesprochen werde.
Cäcilie Fischer war oft darüber aufgebracht, daß der Narr immer nur in dieses Haus kam und die Leute erschreckte.

Die drei Knaben von Herrn Johann van Beethoven, nämlich Ludwig, Kaspar und Nikola, waren sehr auf die Ehre ihrer Eltern bedacht. Wenn ihr Papa durch Gelegenheit in Gesellschaft, das nicht oft geschah, ein wenig zuviel getrunken hatte und seine Söhne vernahmen dies, so waren sie alle drei gleich da besorgt und suchten ihren Papa auf die feinste Art, damit es nur keinen Aufwand gab, im stillen nach Hause zu begleiten; sie schmeichelten ihm: „O Papächen, Papächen!" Er ließ es sich dann auch sagen. Er hatte keinen übeln Trunk an sich, war lustig und munter und so wurden wir im Hause wenig davon gewahr.

Ludwig glaubte nun seinem Vater gleichzustehen in der Musik; sein Bruder Kaspar hatte in der Schule, was da gefordert wird, gelernt und ebenso in den Kräuterkenntnissen, um mit der Zeit in einer Apotheke als Lehrling aufgenommen zu werden; sie hatten beide Mut und Lust. Wenn sie Bubenstreiche machen konnten, konnten sie sich recht erfreuen und herzlich darüber lachen und der Ludwig nach seiner Gewohnheit einen krummen Katzenbuckel machen.

Die Hausfrau Fischer hatte damals Hühner und sich schon lange gewundert über die Abnahme der Zahl von Eiern, die ihre Hühner legten. Sie beklagte sich; sie sagte, ihr Futter sei gut, bekomme sonst viel Eier und jetzt wenig. Sie hat als aufpassen lassen, konnte keinen finden. Bis zufälliger Weise, da sie an nichts dachte, kommt sie auf den Hof, sah sie: hat sich Ludwig van Beethoven durch das Gitter in das Hühnerhaus eingeschlichen. Frau Fischer sagt: „Ha, ha, Ludwig, was machst Du da?" — Er sagt: „Mein Bruder Kaspar hat mir mein Sacktuch dreingeworfen, das wollte ich wieder herausholen." Frau Fischer sagt: „Ja, ja, das mag wohl sein, daß ich so wenig Eier bekomme." Ludwig sagt: „O,

Frau Fischer, die Hühner verlegen oft die Eier; wenn Sie sie dann mal wieder finden, dann freuen Sie sich um so mehr. Es gibt auch Füchse, wie man sagt, die holen auch die Eier." Frau Fischer sagt: „Ich glaube, Du bist auch einer von den schlauen Füchsen. Was wird aus Dir noch werden!" – Ludwig sagt: „O, das weiß der Himmel! Nach Ihrer Aussage bin ich noch bis dato ein Notenfuchs!" – Sagt Frau Fischer: „Ja, auch Eierfuchs!"

Da liefen die beiden wie die Schelme fort und lachten. Frau Fischer mußte auch mitlachen und konnte sie als Bubenstreich nicht mehr weiter beschuldigen. –

An einem frühen Sommermorgen hatte sich aus einem andern Hof ein Hahn verflogen, hatte sich auf Fischers Hintergebäude auf das Dach niedergelassen, wo Ludwigs Vater und Mama schliefen, straßenwärts.

Die drei Knaben schliefen nach dem Hofe zu, Ludwig hat den Hahn gleich gesehen. Die Fischerknaben schliefen auch nach dem Hofe zu, die hatten den Hahn auch gesehen, die sahen im stillen zu, wie sich der Spaß endigte.

Ludwig sagt: „Der Hahn, das scheint mir ein junger fetter Reuter zu sein, der hat noch kleine Sporen. Sieh mal, sieh mal, wie sich uns der Hahn so geneigt empfiehlt! Wenn ich den erwischen könnte, wollte ich ihm bald den Takt schlagen." –

Ludwig und Kaspar kamen schleichend auf den Hof, lockten und flatterten mit Brot den Hahn, bis sie ihn erwischt hatten. Da hielten sie ihm den Hals zu, daß er nicht schreien konnte, liefen herauf auf ihren Speicher und lachten. Nun hatten sie sich mit der Magd vermutlich vereinbart, daß sie den Hahn, wenn der Papa und die Mama herauswaren, dann anrichteten.

Den andern Tag sagte der Haussohn Johann Fischer zu Ludwig: „Der Hahn muß auch Musiker geworden sein; denn ich habe gehört, der Hahn hat Altstimme gesungen." – Sie lach-

ten, Ludwig sagte: „Der Altstimme, wie er genug gebraten war, war ich auch bald müde. Aber Du wirst gewiß nichts dem Papa oder der Mama was davon sagen, sonst müßten wir drei Jungen aus dem Hause laufen gehen."
Der andere sagte: „O, was geht mich der Hahn an, der konnte in seinem Hof bleiben." Ludwig sagte, daß ehemals das Recht gewesen, was einem am Morgen früh auf den Hof geflogen sich einfindet, könnte man mit Recht behalten. „Das ist auch recht, dann sollen die Leute ihr Vieh besser verwahren; denn durch Vieh können auch große Unglücker kommen."

Man konnte nachher nicht sagen, daß Ludwig viel auf Kameraden oder auf Gesellschaft hielt. Nun gar, wie er über Musik nachdenken oder sich allein beschäftigen mußte, nahm er eine ganz andere Fassung an, wurde sehr auf seinen Respekt. Waren ihm die glücklichsten Stunden, wenn er von seinen Eltern ihrer Gesellschaft befreit war, das aber selten der Fall war — wenn die Seinigen alle heraus waren und er sich allein befand. So kam er so weit, daß er im 12. Jahr bereits als Komponist auftrat und im 15. Jahr als Organist ernannt wurde, nach dem Rang den Degen an der linken Seite trug, wenn er mit seinem Vater den Hofdoxal bestieg.
Hofmusiker in Gala. Kleidertracht (Ludwig van Beethoven): Seegrüner Frackrock, grüne kurze Hose mit Schnallen, weißseidene oder schwarzseidene Strümpfe, Schuhe mit schwarzen Schlöpp, weißseidene geblümte Weste mit Klapptaschen, die Weste mit echter goldener Kordel umsetzt, frisiert mit Locken und Haarzopf, Klapphut unterm linken Arm, seinen Degen an der linken Seite, mit einer silbernen Koppel.

Ehemalige Statur des Herrn Ludwig van Beethoven: Kurz gedrungen, breit in der Schulter, kurz von Hals, dicker Kopf, runde Nase, schwarz, braune Gesichtsfarbe; er ging immer was vornübergebückt. Man nannte ihn im Hause ehemals noch als Jungen „Der Spangol".

Ludwig van Beethoven war am Morgen in seinem Schlafzimmer nach dem Hof zu und lag im Fenster, hatte den Kopf in beide Hände gelegt und sah ganz starr auf einen Fleck hin. Cäcilie Fischer kam über den Hof und sagte ihm: „Wie siehts aus, Ludwig?", erhielt keine Antwort. Nachher fragte sie ihn mal, was das bedeute? „Keine Antwort ist auch Antwort." Er sagte: „O nein, das nicht, entschuldige mich, ich war da in einem so schönen, tiefen Gedanken beschäftigt, da konnte ich mich gar nicht stören lassen."

Beethovens hatten vom Speicher die schöne Aussicht auf den Rhein und die andere Seite, die Ansicht auf die sieben Berge wie vom alten Zoll. Auf dem Speicher waren zwei Fernrohre, ein kleines und ein großes, damit konnte man sieben Stunden weit sehen. Das war Herrn Ludwig van Beethoven sein Wohlgefallen; denn Beethovens liebten den Rhein.

Als Ludwig van Beethoven von Tag zu Tag in der Musik und im Komponieren so zunahm und an fremde Herren seine Komponierung verkaufte, war er dadurch weit und breit so berühmt geworden, daß viele Musikliebhaber aus weit entlegener Fremde kamen, die ihn aus Neugier besuchten, und verlangten von Herrn Ludwig van Beethoven, sie möchten ihn gern in einem kleinen Konzert spielen hören. Dann ließ Herr Johann van Beethoven, wenn es möglich war, Musiker bestellen und auf seinem Zimmer Musik veranstalten. Die Herren werden ihm das aber gut bezahlt haben; wir wissen es nicht.

Als die Unruhe durch die Fremden immer stärker wurde, sagte Herr Fischer zu Herrn Johann van Beethoven: „Wäre ich kein Bäcker, dann ginge mich die ganze Unruhe der Fremden nichts an. Man hat die Nacht zur Ruhe. Aber da ich Bäcker bin, nachts aufstehen und backen muß, so muß ich am Tag schlafen. Das kann ich nicht aushalten und würde noch krank. Herr van Beethoven, es tut mir leid, es Euch zu sagen: Sie müssen sich um ein ander Quartier umsehen."

Johann van Beethoven sagte mehrmals: „Mein Sohn Ludwig, an dem habe ich jetzt meine einzige Freude, er nimmt in der Musik und im Komponieren so zu, er wird von allen bewunderungswürdig angesehen. Mein Ludwig, mein Ludwig, ich sehe es ein, er wird mit der Zeit ein großer Mann in der Welt werden. Die wir hier versammelt sind und es noch erleben, gedenken Sie dann an mein Wort!"

Mozart.
Beethoven, der als ein vielversprechender Jüngling im Frühjahr 1787 nach Wien kam, aber nach kurzem Aufenthalt wieder nach Hause reisen mußte, wurde zu Mozart geführt und spielte ihm auf seine Aufforderung etwas vor, das dieser, weil er es für ein eingelerntes Paradestück hielt, ziemlich kühl belobte. Beethoven, der das merkte, bat ihn darauf um ein Thema zu einer freien Phantasie und wie er stets vortrefflich zu spielen pflegte, wenn er gereizt war, dazu noch angefeuert durch die Gegenwart des von ihm hochverehrten Meisters, erging er sich nun in einer Weise auf dem Klavier, daß Mozart, dessen Aufmerksamkeit und Spannung immer wuchs, endlich sachte zu den im Nebenzimmer sitzenden Freunden ging und lebhaft sagte: „Auf den gebt acht, der wird einmal in der Welt von sich reden machen!"

Karl Ludwig Junker.

Noch hörte ich einen der größten Spieler auf dem Klavier, den lieben guten Beethoven, von welchem in der Speierischen Blumenlese vom Jahr 1783 Sachen erschienen, die er schon im 11. Jahr gesetzt hat.[1] Zwar ließ er sich nicht im öffentlichen Konzert hören, weil vielleicht das Instrument seinen Wünschen nicht entsprach: es war ein Spathischer Flügel und er ist in Bonn gewohnt, nur auf einem Steinischen zu spielen. Indessen, was mir unendlich lieber war, hörte ich ihn phantasieren, ja ich wurde sogar selbst aufgefordert, ihm ein Thema zu Veränderungen aufzugeben. Man kann die Virtuosengröße dieses lieben, leisegestimmten Mannes, wie ich glaube, sicher berechnen nach dem beinahe unerschöpflichen Reichtum seiner Ideen, nach der ganz eigenen Manier des Ausdrucks seines Spiels und nach der Fertigkeit, mit welcher er spielt. Ich wüßte also nicht, was ihm zur Größe des Künstlers noch fehlen sollte. Ich habe Voglern auf dem Fortepiano (von seinem Orgelspiel urteile ich nicht, weil ich ihn nie auf der Orgel hörte) gehört, oft gehört und stundenlang gehört und immer seine außerordentliche Fertigkeit bewundert, aber Beethoven ist außer der Fertigkeit sprechender, bedeutender, ausdrucksvoller, kurz mehr für das Herz, also ein so guter Adagio- als Allegrospieler. Selbst die sämtlichen vortrefflichen Spieler dieser Kapelle sind seine Bewunderer und ganz Ohr, wenn er spielt. Nur er ist der Bescheidene ohne alle Ansprüche. Indes gestand er doch, daß er auf seinen Reisen, die ihn sein Kurfürst machen ließ, bei den bekanntesten guten Klavierspielern selten das gefunden habe, was er zu erwarten sich berechtigt geglaubt hätte. Sein Spiel unterscheidet sich auch so sehr von der gewöhnlichen Art das

---

[1] Auch 3 Sonaten für das Klavier kamen um diese Zeit im Boßlerschen Verlage von ihm heraus.

Klavier zu behandeln, daß es scheint, als habe er sich einen ganz eigenen Weg bahnen wollen, um zu dem Ziel der Vollendung zu kommen, an welchem er jetzt steht. Hätte ich dem dringenden Wunsche meines Freundes Beethoven, den auch Herr Winneberger unterstützte, gefolgt und wäre noch einen Tag in Mergentheim geblieben, ich glaube, Herr Beethoven hätte mir stundenlang vorgespielt und in der Gesellschaft dieser beiden großen Künstler hätte sich der Tag für mich in einen Tag der süßesten Wonne verwandelt.

Johann Schenk.
1792 geruhten Se. Königliche Hoheit Erzherzog Maximilian, Kurfürst von Köln, seinen Schützling Louis van Beethoven nach Wien zu geben, um bei Joseph Haydn die musikalische Komposition zu lernen. Gegen Ende Juli gab mir Abbé Gelinek Kenntnis, daß er mit einem jungen Menschen in Bekanntschaft getreten seie, der auf dem Pianoforte eine seltne Virtuosität bewährt, und [er solche] seit Mozart nicht wieder gehört habe. Inmittest erkläre er sich, daß Beethoven schon vor mehr als 6 Monaten von Haydn die Lehre des Kontrapunktes hat angefangen und noch immer bei der ersten Übung sich verweile und daß auch Se. Exzellenz Baron van Swieten ihm das Studium des Kontrapunktes ernstlich empfehle und öfter in Frage gestellt, wie weit er schon in seiner Lehre fortgeschritten seie. Zufolge dessen mehrmalenden Anregen und so auch noch immer auf der ersten Stufe seines Unterrichts zu sein, erzeugte in dem wißbegierigen Lehrling ein Mißbehagen, das er an seinen Freund oft laut werden ließ. Gelinek, dem diese leidige Gemütsstimmung nah zu Herzen ging, stellte mich in Frage, ob ich wohl geneigt wäre, seinem Freund im Studium des Kontrapunkts behilflich zu sein. Nach besagter Erklärung verlangte mich mit selbigem bald in nähere Be-

kanntschaft zu treten. Nun war ein Tag bestimmt, an welchem ich Beethoven in der Wohnung Gelineks sehen und auf dem Pianoforte hören werde.

Nun habe ich diesen itzt so hochberühmten Tonsetzer zum ersten Male gesehen – und auch gehört. Nachdem die gewöhnlichen Höflichkeitsbezeugungen vorüber waren, erbot er sich auf dem Pianoforte zu phantasieren. Er wollte, daß ich zunächst seiner sitzen sollte. Nach einigen Anklängen und gleichsam hingeworfenen Figuren, die er unbedeutsam so dahingleiten ließ, entschleierte der selbstschaffende Genius so nach und nach sein tiefempfundenes Seelengemälde. Von den Schönheiten der mannigfaltigen Motive, die er klar und mit überreicher Anmut so lieblich zu verweben wußte, war mein Ohr zur beständigen Aufmerksamkeit gereizt und mit Lust überließ sich mein Herz dem empfangenen Eindrucke; während er sich ganz seiner Einbildungskraft dahingegeben, verließ er allgemach den Zauber seiner Klänge und mit dem Feuer der Jugend trat er kühn (um heftige Leidenschaften auszudrücken) in weit entfernte Tonleitern. In diesen erschütternden Aufregungen wurde mein Empfindungsvermögen sehr getroffen. Nun begann er unter mancherlei Wendungen mittelst gefälliger Modulationen bis zur himmlischen Melodie hinzugleiten, jenen hohen Idealen, die man oft in seinen Werken häufig vorfindet. Nachdem der Künstler seine Virtuosität so meisterhaft beurkundet, verändert' er die süßen Klänge in traurig wehmütige, sodann in zärtlich rührende Affekte, dieselben wieder in freudige bis zur scherzenden Tändelei. Jeder dieser Figuren gab er einen bestimmten Charakter und [sie] trugen das Gepräge leidenschaftlicher Empfindung, in denen er das Eigene, Selbstempfundene rein aussprach. Weder matte Wiederholungen noch gehaltlose Zusammenraffung vielerlei Gedanken, welche gar nicht sich zusammenpassen, noch viel weniger kraftlose Zergliederungen durch fortwährendes Arpeggieren (worüber das Gefühl des Hörers ein Schlummer überschleicht) konnte man gewahren. In der Ausführung dieser Phantasie herrschte die größte Richtigkeit; es war ein heller Tag, ein volles Licht. Mehr als eine halbe Stunde war verstrichen, als der Beherrscher seiner Töne die Klaviatur verließ. Diese unvergeßliche Phantasie, mit der er das Ohr und das Herz zu fesseln und den Geschmack zu reizen wußte, lebt noch frisch in meiner Seele. Den darauffolgenden Tag war es mein erstes, diesem noch unbekannten Künstler, der seine Meisterschaft so hoch bewährte, meinen ersten Besuch zu machen. Auf seinem Schreibpulte fand ich einige Sätze von der ersten Übung des Kontrapunktes vor mir liegen. Nach kurzer Übersicht gewahrte ich bei jeder Tonart (so kurzen Inhalts sie auch war) etwelche Fehler. In Rücksicht dessen haben sich die obenerwähnten Äußerungen Gelineks wahrhaft befunden. Da ich nun gewiß war, daß mein Lehrling mit den vorläufigen Regeln des Kontrapunktes unbekannt war, so gab ich ihm das allbekannte Lehrbuch von Joseph Fux „Gradus ad Parnassum" zur Übersicht der weiter folgenden Übungen. Joseph Haydn, der gegen Ende des vorhergehenden Jahres von London nach Wien zurückgekommen, war beflissen, seine Muße auf neue Kompositionen großer Meisterwerke zu verwenden. In diesem rühmlichen Bestreben ist zu erachten, daß sich Haydn mit der Lehre der Grammatik nicht so leicht befassen konnte. Nun war mirs ernstlich angelegen, dessen Wißbegierigen Mitgehilfe zu werden. Bevor ich aber meine Lehre angefangen, machte ich ihm bemerkbar, daß unser beiderseitiges Zusammenwirken stets geheimgehalten werde. In Beziehung dessen empfahl ich ihm, jeden Satz, den ich durch meine Hand verbessert, wieder abzuschreiben, damit bei jeder Vorzeigung

Haydn keine fremde Hand gewahren könne. Nach einem Jahr kam Beethoven mit Gelinek in Unfrieden, dessen Ursache mir entfallen ist. Doch scheint mir, daß beide selbst Veranlassung gaben. Zufolge ihrer Uneinigkeit war Gelinek erbost und offenbarte mein Geheimhalten. Beethoven und seine Brüder machten selbst kein Geheimnis mehr daraus.

1793 anfangs August habe ich bei meinem guten Louis das ehrenvolle Lehramt angetreten und bis zu Ende Mai 1794 ununterbrochen fortgesetzt, als er eben den doppelten Kontrapunkt in Oktav vollendet hatte und sich nach Eisenstadt begeben. Wenn Se. Königliche Hoheit seinen Schützling gleich zu Albrechtsbergers Leitung hingegeben hätte, so wäre sein Studium nie unterbrochen und ganz vollendet worden.

Ungefähr nach halbem Mai tat er mir zu wissen, daß er mit Haydn sich bald nach Eisenstadt begeben werde und daselbst bis anfangs Winter verweilen werde; den Tag der Abreise wisse er noch nicht. Anfangs Juni kam ich zur gewöhnlichen Stunde wieder – allein mein guter Louis war nicht mehr zu sehen. Er hinterließ mir folgendes Billettchen, welches ich Wort für Wort hier niederschreibe.

,Lieber Schenk!

Ich wünschte nicht, daß ich schon heute fort würde reisen nach Eisenstadt. Gerne hätte ich noch mit Ihnen gesprochen. Unterdessen rechnen Sie auf meine Dankbarkeit für die mir erzeigten Gefälligkeiten. Ich werde mich bestreben, Ihnen alles nach meinen Kräften gutzumachen. Ich hoffe Sie bald wiederzusehen und das Vergnügen Ihres Umgangs genießen zu können. Leben Sie wohl und vergessen Sie nicht ganz

Ihren
Beethoven.'

Es war meine Absicht, mein Verhältnis zu Beethoven nur sehr kurz zu berühren; allein die obwaltenden Umstände, auf was Art und Weise ich dazu gekommen, sein Wegführer in der musikalischen Komposition zu werden, geboten mir mich etwas ausführlicher zu erklären.

Für mein Bemühen (wenn doch das Bemühen heißen sollte) erwarb ich mir von meinem guten Louis ein köstliches Geschenk, nämlich, das feste Band der Freundschaft, das bis an seinen Tod noch unverwelkt geblieben.

Frau von Bernhard.

Heute führte mich [Ludwig Nohl] der Kapellmeister Herr Schletterer zu einer interessanten alten Dame, die mancherlei über Beethovens erste Wiener Jahre erzählte. Sie heißt Frau von Bernhard und ist im Jahre 1783 geboren. Die seltsame Erscheinung dieser jetzt 81jährigen Frau in ihrem fassonlosen Kleid mit der großen weißen Lobbenhaube nach alter Mode machte zunächst einen nicht sehr hoffnungsreichen Eindruck. Allein die erste Unterhaltung bewies sogleich einen in allen Funktionen völlig ungetrübten Geist von ungewöhnlicher Lebendigkeit und klarer Anschauungsweise und zugleich ein Gemüt von hoher Reinheit und einer bescheidenen Liebenswürdigkeit, die in solch respektfordernden Jahren doppelt fesselt.

Frau von Bernhard war die Tochter eines Herrn von Kissow, der viele Jahre in Reval in Estland gelebt hatte, dann aber im Anfang der 1780er Jahre nach Augsburg kam und sich hier verheiratete. Sie wurde auch hier geboren und da der Vater die Musik sehr liebte, so wünschte er ihr, die schon früh bedeutende Anlage zu dieser Kunst verriet, eine wirklich künstlerische Ausbildung geben zu lassen. Dazu bot sich nun auch die beste Gelegenheit, indem die bekannte Nanette Stein, Tochter des berühmtesten Klavierbauers in jenen Tagen, vor kurzem (1794) mit ihrem späteren Manne, dem Klavierlehrer Andreas Streicher, dem Jugendfreunde Schillers, nach Wien gezogen war und dort Musikunterricht gab. Er war der Kissowschen Familie sehr befreundet und verschaffte auf deren Bitte dem 12 jährigen Töchterchen eine Unterkunft bei dem ersten Sekretär der russischen Gesandtschaft, dem Herrn von Klüpfell.

Das Mädchen erhielt nun Unterricht von Streicher und ward auch bald in den musikalischen Kreisen des hohen Adels eingeführt, in denen Klüpfell seiner hervorragenden Stellung wegen und durch die Gunst seines Chefs, des bekannten Grafen Rasumowsky, zu Hause war. Eines Tages legt ihr Streicher auch Sachen von Beethoven hin: es waren die Klaviersonaten op. 2, die soeben erschienen waren. Er bemerkte, da seien neue Sachen, welche die Damen nicht spielen wollten, weil sie ihnen zu unverständlich und zu schwierig seien; ob sie wohl Lust habe, sie zu lernen? Das Mädchen traut sich das wohl zu und trägt diese und andere Klavierwerke Beethovens bald mit solcher Gewandtheit vor, daß man sie zu den vertrauten Musikunterhaltungen sowohl Lichnowskys wie Rasumowskys einlud. Auch Beethoven, der in diesen Zirkeln unausgesetzt verkehrte, ja ihr eigentlicher Glanzpunkt war, hörte bald von dem Mädchen, das seine Sachen so gut vortrage, und wurde denn auch bald mit ihr bekannt, ja er schätzte ihr Talent so sehr, daß er ihr von da an bis zum Jahre 1800, wo sie Wien verließ, in der Regel jedesmal ein Exemplar seiner neuen Klaviersachen, sobald sie im Druck erschienen waren, mit einem kleinen freundlichen oder auch scherzhaften Briefchen zusandte, von denen sich leider nichts mehr vorfindet, weil damals stets so viel hübsche russische Offiziere in dem Hause des Herrn von Klüpfell verkehrten, daß ihr der häßliche Beethoven gar keinen Eindruck gemacht habe.

Herr von Klüpfell war ebenfalls sehr musikalisch und Beethoven kam viel in sein Haus, wo er dann oft stundenlang Klavier spielte, aber stets ohne Noten. Das sei dann bewundernswert gewesen und habe alles in Entzücken versetzt. Eines Tages sei auch der bekannte Komponist Franz Krommer dort gewesen und habe eine neue Komposition von sich vorgetragen. Beethoven sei im Anfang neben ihr auf dem Sofa gesessen, dann aber bald umhergegangen, bald wieder ans Klavier getreten, um andre Noten durchzusehen, und habe nicht die geringste Aufmerksamkeit gezeigt. Herr von Klüpfell habe sich darüber geärgert und dem Freunde Beethovens, dem Herrn von Zmeskall aufgetragen, ihm zu sagen, daß sich das nicht zieme; ein junger Mann, der noch nichts sei, müsse stets seine Achtung beweisen, wenn ein älterer verdienter Compositeur etwas vortrage. Von diesem Augenblicke an sei Beethoven nie wieder mit einem Fuß in das Klüpfellsche Haus gekommen.

Voll von Erinnerungen ist Frau von Bernhard über die ungestümen Eigenheiten des jungen Mannes. Sie erzählte: „Wenn er zu uns kam, steckte er gewöhnlich erst den Kopf durch die Türe und vergewisserte sich, ob nicht jemand da sei, der ihm mißbehage. Er war klein und unscheinbar, mit einem häßlichen roten Gesicht voll Pockennarben. Sein Haar war ganz dunkel. Sein Anzug sehr gewöhnlich und durchaus nicht von der Gewähltheit, die in jenen Tagen und besonders in unsern Kreisen üblich war. Dabei sprach er sehr im Dialekt und in einer etwas gewöhnlichen Ausdrucksweise, wie überhaupt sein Wesen nichts von äußerer Bildung verriet, vielmehr unmanierlich in seinem ganzen Gebaren und Benehmen war. Er war sehr stolz und ich habe gesehen, wie die Mutter der Fürstin Lichnowsky, die Gräfin Thun, vor ihm, der in dem Sofa lehnte, auf den Knien lag, ihn zu bitten, er

möge doch etwas spielen. Beethoven tat es aber nicht. Die Gräfin Thun war eine sehr ezzentrische Frau.
Zu Lichnowskys ward ich häufig eingeladen, um dort zu spielen. Er war ein freundlicher, feiner Herr und sie eine schöne Frau. Doch schienen sie nicht gut miteinander zu leben: sie hatte stets einen so melancholischen Ausdruck im Gesicht und ich hörte, er mache große Ausgaben, mehr als seine Einkünfte vertrügen. Ihre Schwester, die noch schöner war, hatte ebenfalls einen Gönner Beethovens zum Manne." Sie war fast regelmäßig zugegen, wenn musiziert wurde. Dort sah sie auch Haydn und Salieri, die damals sehr berühmt waren, während man von Beethoven immer noch nichts Rechtes wissen wollte. „Ich erinnere mich noch genau," schloß sie, „wie sowohl Haydn als Salieri in dem kleinen Musikzimmer an der einen Seite auf dem Sofa saßen, beide stets auf das sorgfältigste nach der ältern Mode gekleidet, mit Haarbeutel, Schuhen und Seidenstrümpfen, während Beethoven auch hier in der freieren überrheinischen Mode, ja fast nachlässig gekleidet zu kommen pflegte."

Wenzel Johann Tomaschek.

Im Jahre 1798, in dem ich das juridische Studium fortsetzte, kam Beethoven, der Riese unter den Klavierspielern, nach Prag. Er gab im Konviktsaale ein sehr besuchtes Konzert, in welchem er sein C-dur-Konzert op. 15, dann das Adagio und das graziöse Rondo aus A-dur op. 2 vortrug, dann mit einer freien Phantasie über das ihm von der Gräfin Schlick aus Mozarts „Titus" gegebene Thema „Ah, tu fosti il primo oggetto" schloß. Durch Beethovens großartiges Spiel und vorzüglich durch die kühne Durchführung seiner Phantasie wurde mein Gemüt auf eine ganz fremdartige Weise erschüttert, ja ich fühlte mich in meinem Innersten so tief gebeugt, daß ich mehre Tage mein Klavier nicht berührte und nur die unvertilgbare Liebe zur Kunst, dann ein vernunftgemäßes Überlegen es allein über mich vermochten, meine Wallfahrten zum Klavier wie früher und zwar mit gesteigertem Fleiße fortzusetzen. Ich hörte Beethoven in seinem zweiten Konzerte, dessen Spiel und auch dessen Komposition nicht mehr den gewaltigen Eindruck auf mich machten. Er spielte diesmal das Konzert in B-dur, das er in Prag erst komponierte. Dann hörte ich ihn zum drittenmal beim Grafen Clary, wo er nebst dem graziösen Rondo der A-dur-Sonate über das Thema: „Ah! vous dirai-je, Maman" phantasierte. Ich verfolgte diesmal mit ruhigerm Geiste Beethovens Kunstleistung, ich bewunderte zwar sein kräftiges und glänzendes Spiel, doch entgingen mir nicht seine öftern kühnen Absprünge von einem Motiv zum andern, wodurch dann die organische Verbindung, eine allmähliche Ideenentwicklung aufgehoben wird. Solche Übelstände schwächen oft seine großartigsten Tonwerke, die er in seiner überglücklichen Konzeption schuf. Nicht selten wird der unbefangene Zuhörer durch sie gewaltsam aus seiner überseligen Stimmung herausgeworfen. Das Sonderbare und Originelle schien ihm bei der Komposition die Hauptsache zu sein, auch bestätigt es seine Antwort hinlänglich, die er einer Dame, als sie ihn frug, ob er Mozarts Opern öfters besuche, zur Antwort gab: er kenne sie nicht und höre auch nicht gern fremde Musik, da er seine Originalität nicht einbüßen will ... Beethoven schied von Prag und ich fühlte die günstige Einwirkung, den Herrn des Klavierspiels in seinen Schöpfungen gehört zu haben.

Ignaz von Seyfried.
Schon hatte Beethoven durch mehrere Kompositionen Aufsehen erregt und galt auch in Wien für einen Klavierspieler

ersten Ranges, als ihm in den letzten Jahren des verflossenen Jahrhunderts in Wölffl ein ebenbürtiger Rival erwuchs. Da erneuerte sich gewissermaßen die alte Pariser Fehde der Gluckisten und Piccinisten und die zahlreichen Kunstfreunde der Kaiserstadt zerfielen in zwei Parteien. An der Spitze von Beethovens Verehrern stand der liebenswürdige Fürst von Lichnowsky; zu Wölffls eifrigsten Protektoren gehörte der vielseitig gebildete Freiherr Raimund von Wetzlar, dessen freundliche Villa (am Grünberge nächst dem kaiserlichen Lust= schlosse Schönbrunn) allen fremden und einheimischen Künst= lern in den reizenden Sommermonaten mit echt britischer Loyalität eine gleich angenehme als wünschenswerte Frei= stätte gewährte. Dort verschaffte der höchst interessante Wett= streit beider Athleten nicht selten der zahlreichen, durchaus gewählten Versammlung einen unbeschreiblichen Kunstge= nuß: jeder trug seine jüngsten Geistesprodukte vor; bald ließ der eine oder der andere den momentanen Eingebungen sei= ner glühenden Phantasie freien, ungezügelten Lauf; bald setzten sich beide an zwei Pianoforte, improvisierten wechsel= weise über gegenseitig sich angegebene Themas und schufen also gar manches vierhändige Capriccio, welches, hätte es im Augenblicke der Geburt zu Papier gebracht werden können, sicherlich der Vergänglichkeit getrotzt haben würde. — An mechanischer Geschicklichkeit dürfte es schwer, vielleicht un= möglich gewesen sein, einem der Kämpfer vorzugsweise die Siegespalme zu verleihen; ja Wölffl war von der gütigen Natur noch mütterlicher bedacht, indem sie ihn mit einer Riesenhand ausstattete, die ebenso leicht Dezimen als andere Menschenkinder Oktaven spannte, und es ihm möglich machte, fortlaufende doppelgriffige Passagen in den genannten In= tervallen mit Blitzesschnelligkeit auszuführen. — Im Phan= tasieren verleugnete Beethoven schon damals nicht seinen mehr zum unheimlich Düstern sich hinneigenden Charakter: schwelgte er einmal im unermeßlichen Tonreich, dann war er auch entrissen dem Irdischen; der Geist hatte zersprengt alle beengenden Fesseln, abgeschüttelt das Joch der Knechtschaft und flog siegreich jubelnd empor in lichte Ätherräume; jetzt brauste sein Spiel dahin gleich einem wildschäumenden Katarakte und der Beschwörer zwang das Instrument mitunter zu einer Kraftäußerung, welcher kaum der stärkste Bau zu gehorchen imstande war; nun sank er zurück, leise Klagen aushauchend, in Wehmut zerfließend; — wieder erhob sich die Seele, triumphierend über vorübergehendes Erdenleiden, wendete sich nach oben in andachtsvollen Klängen und fand beruhigenden Trost am unschuldsvollen Busen der heiligen Natur. — Doch wer vermag zu ergründen des Meeres Tiefe? Es war die geheimnisreiche Sanskritsprache, deren Hieroglyphen nur der Eingeweihte zu lösen ermächtigt ist! — Wölffl hingegen, in Mozarts Schule gebildet, blieb immerdar sich gleich: nie flach, aber stets klar und eben deswegen der Mehrzahl zugänglicher; die Kunst diente ihm bloß als Mittel zum Zwecke, in keinem Falle als Prunk- und Schaustück trockenen Gelehrttuns; stets wußte er Anteil zu erregen und diesen unwandelbar an den Reihengang seiner wohlgeordneten Ideen zu bannen. — Wer Hummel gehört hat, wird auch verstehen, was damit gesagt sein will.

Noch ein ganz eigentümliches Vergnügen erwuchs dabei dem vorurteilsfreien, unbefangenen Beobachter im stillen Reflektieren über beide Mäzenaten, wie sie in gespannter Aufmerksamkeit den Leistungen ihrer Schützlinge lauschend folgten, beifallspendende Blicke sich zusendeten und schließlich mit altritterlicher Courtoisie dem gegenseitigen Verdienste unbedingt volle Gerechtigkeit widerfahren ließen.

Die Protegierten selbst aber kümmerten sich darum blutwenig.

Sie achteten sich, weil sie sich selbst am besten zu taxieren wußten und als gerade, ehrliche Deutsche von dem lobwürdigen Grundsatze ausgingen, daß die Kunststraße für viele breit genug wäre, ohne sich wechselseitig auf der Wandelbahn zum Ziele des Ruhmes neidisch zu beirren.

Karl Czerny.

Ich erinnere mich noch jetzt, als eines Tages Gelinek meinem Vater erzählte, er sei für den Abend in eine Gesellschaft geladen, wo er mit einem fremden Klavieristen eine Lanze brechen sollte. „Den wollen wir zusammenhauen", fügte Gelinek hinzu. Den folgenden Tag fragte mein Vater den Gelinek, wie der gestrige Kampf ausgefallen sei.

„O!" sagte Gelinek ganz niedergeschlagen, „an den gestrigen Tag werde ich denken! in dem jungen Menschen steckt der Satan. Nie hab ich so spielen gehört! Er phantasierte auf ein von mir gegebenes Thema, wie ich selbst Mozart nie phantasieren gehört habe. Dann spielte er eigene Kompositionen, die im höchsten Grade wunderbar und großartig sind, und er bringt auf dem Klavier Schwierigkeiten und Effekte hervor, von denen wir uns nie etwas haben träumen lassen."

„Ei," sagte mein Vater verwundert, „wie heißt denn dieser Mensch?"

„Er ist", antwortete Gelinek, „ein kleiner, häßlicher, schwarz und störrisch aussehender junger Mann, den der Fürst Lichnowsky vor einigen Jahren von Deutschland hieher gebracht, um ihn bei Haydn, Albrechtsberger und Salieri die Komposition lernen zu lassen, und er heißt Beethoven."

Dieses war das erstemal, daß ich diesen Namen hörte, und nun bestürmte ich meinen Vater, mir Beethovens Kompositionen zu verschaffen. Bald hatte ich alles, was von ihm erschienen war, die drei ersten Trios und Sonaten, einige Variationen, die „Adelaide" usw., und da ich bereits so vieles Gute andrer Meister kennen gelernt hatte, so lernte ich bald die Schönheit und Originalität der Beethovenschen Werke nach Verhältnis meines Alters würdigen, wozu aber ein besonderer Umstand beitrug.

Um jene Zeit besuchte uns fast täglich abends ein alter Mann, namens Krumpholz (Bruder des Erfinders der Pedalharfe). Er war Violinspieler und als solcher im Hoftheaterorchester angestellt, aber dabei der größte, bis zur höchsten Übertreibung exaltierte Enthusiast für die Musik. Die Natur hatte ihm einen hohen Grad von richtigem und feinem Gefühl für das Schöne der Tonkunst verliehen, und ohne eben große technische Kenntnisse zu besitzen, wußte er jede Komposition mit großer Schärfe zu würdigen und dem Urteile der Kunstwelt gewissermaßen voranzueilen.

Gleich bei dem ersten Erscheinen des jungen Beethoven hing sich Krumpholz an ihn mit einer Hartnäckigkeit und Hingebung, daß er bald sein Hausfreund wurde, fast den ganzen Tag bei ihm zubrachte und daß Beethoven, der sonst mit seinen musikalischen Entwürfen gegen jedermann sehr geheimnisvoll war, ihm jede Idee mitteilte, jede neue Komposition oft vorspielte und täglich vorphantasierte. Obwohl Beethoven sich über die ungeheuchelte Verzückung, in welche Krumpholz dabei stets geriet, oft lustig machte und ihn immer nur seinen Narren nannte, so war er doch über die Anhänglichkeit gerührt, mit welcher Krumpholz selbst die bittersten Feindschaften nicht scheute, um gegen die damals so zahlreichen Gegner seine Sache zu verfechten. Denn in jener Zeit wurden Beethovens Kompositionen vom größeren Publikum gänzlich verkannt und von allen Anhängern der ältern Mozart-Haydnschen Schule mit der größten Bitterkeit bekämpft.

Dieser Mann war es nun, dem ich täglich Beethovens Werke

vorspielen mußte, und obwohl er vom Klavierspiel gar keine Kenntnis hatte, wußte er mir doch natürlicherweise über Tempo, Vortrag, Effekt, Charakter usw. derselben sehr viel zu sagen, da er dieselben so oft von Beethoven selber hatte vortragen hören und meistens auch bei deren Entstehung zugegen war. Seine Begeisterung steckte mich bald an und ich wurde bald ein Anbeter Beethovens wie er selber, lernte alles von ihm auswendig und spielte es für mein Alter mit ebensoviel Gewandtheit und Enthusiasmus. Auch erzählte er mir stets, was Beethoven Neues unter der Feder hatte, und sang oder spielte auf der Violine die Themas vor, welche er vormittags bei ihm gehört hatte. Auf diese Art erfuhr ich stets weit früher als jeder andre, was Beethoven unter der Feder hatte, und später erkannte ich hieraus, wie lang, oft durch mehrere Jahre, Beethoven an seinen Werken feilte, ehe er sie der Öffentlichkeit übergab, und wie er zu neuen Werken Motive benützte, die ihm viele Jahre früher eingefallen waren, denn unser freundschaftliches Verhältnis mit Krumpholz dauerte durch viele Jahre bis zu seinem 1817 erfolgten Tode...

Zehn Jahre war ich ungefähr alt, als ich durch Krumpholz zum Beethoven geführt wurde. Wie freute und fürchtete ich mich des Tages, wo ich den bewunderten Meister sehen sollte! Noch heute schwebt mir jener Augenblick lebhaft im Gedächtnis. An einem Wintertage wanderte mein Vater, Krumpholz und ich aus der Leopoldstadt (wo wir stets noch wohnten) in die Stadt, in den sogenannten tiefen Graben (eine Straße), stiegen turmhoch bis in den 5. oder 6. Stock, wo uns ein ziemlich unsauber aussehender Bediente bei Beethoven meldete und dann einließ. Ein sehr wüst aussehendes Zimmer, überall Papiere und Kleidungsstücke verstreut, einige Koffer, kahle Wände, kaum ein Stuhl, ausgenommen der wackelnde beim Walterschen Fortepiano (damals die besten), und in diesem Zimmer eine Gesellschaft von 6 bis 8 Personen, worunter die beiden Brüder Wranitzky, Süßmayr, Schuppanzigh und einer von Beethovens Brüdern.

Beethoven selber war in eine Jacke von langhaarigem dunkelgrauen Zeuge und gleichen Beinkleidern gekleidet, so daß er mich gleich an die Abbildung des Campeschen Robinson Crusoe erinnerte, den ich damals eben las. Das pechschwarze Haar sträubte sich zottig (à la Titus geschnitten) um seinen Kopf. Der seit einigen Tagen nicht rasierte Bart schwärzte den untern Teil seines ohnehin brünetten Gesichts noch dunkler. Auch bemerkte ich sogleich mit dem bei Kindern gewöhnlichen Schnellblick, daß er in beiden Ohren Baumwolle hatte, welche in eine gelbe Flüssigkeit getaucht schien.

Doch war damals an ihm nicht die geringste Harthörigkeit bemerkbar. Ich mußte sogleich etwas spielen und da ich mich zu sehr scheute, mit einer von seinen Kompositionen anzufangen, so spielte ich das Mozartsche große C-dur-Konzert (das mit Akkorden anfängt). Beethoven wurde bald aufmerksam, näherte sich meinem Stuhle und spielte bei den Stellen, wo ich nur akkompagnierende Passagen hatte, mit der linken Hand die Orchestermelodie mit. Seine Hände waren sehr mit Haaren bewachsen und die Finger (besonders an den Spitzen) sehr breit. Die Zufriedenheit, die er äußerte, machte mir Mut, hierauf die eben erschienene Sonate pathétique und endlich die „Adelaide" vorzutragen, welche mein Vater mit seiner recht guten Tenorstimme sang. Als ich vollendet hatte, wendete sich Beethoven zu meinem Vater und sagte: „Der Knabe hat Talent, ich selber will ihn unterrichten und nehme ihn als meinen Schüler an. Schicken Sie ihn wöchentlich einigemal zu mir. Vor allem aber verschaffen Sie ihm Emanuel Bachs Lehrbuch über die wahre Art das Klavier zu spielen, das er schon das nächste Mal mitbringen muß."

Nun gratulierten alle Anwesenden meinem Vater zu diesem günstigen Ausspruch, besonders Krumpholz war ganz entzückt und mein Vater eilte sogleich, Bachs Werk aufzufinden.
In den ersten Lektionen beschäftigte mich Beethoven ausschließlich nur mit den Skalen in allen Tonarten, zeigte mir die (damals den meisten Spielern noch unbekannte) einzig richtige Haltung der Hände, der Finger und vorzüglich den Gebrauch des Daumens — Regeln, deren Nutzen ich erst in weit späterer Zeit in vollem Umfang einsehen lernte. Hierauf ging er mit mir die zu diesem Lehrbuch gehörigen Übungsstücke durch und machte mich vorzüglich auf das Legato aufmerksam, das er selber in einer so unübertrefflichen Art in seiner Macht hatte und das zu jener Zeit alle anderen Pianisten auf dem Fortepiano für unausführbar hielten, indem damals (noch von Mozarts Zeit) das gehackte und kurz abgestoßene Spiel Mode war. (Auch hat mir in spätern Jahren Beethoven erzählt, daß er Mozart mehrmal spielen gehört und daß dieser, da zu seiner Zeit die Erfindung der Fortepiano noch in ihrer Kindheit war, sich auf den damals mehr gebräuchlichen Flügeln ein Spiel angewohnt hatte, welches keineswegs für die Fortepiano paßte. Auch hatte ich in der Folge die Bekanntschaft mehrerer Personen gemacht, welche bei Mozart Unterricht genommen, und fand in ihrer Spielweise diese Bemerkung bestätigt.)
Da mein Vater mich nie allein den weiten Weg in die Stadt gehen lassen wollte und mich daher immer selber zu Beethoven führte, wobei er so viele Lektionen versäumte, da es überdies oft geschah, daß Beethoven eben komponierte und sich daher entschuldigte, so erlitt der Unterricht nach einiger Zeit eine längere Unterbrechung und ich war wieder auf meinen eigenen Fleiß überlassen ...
Im Jahre 1802 gab Beethoven sein erstes öffentliches Kon-

zert im Theater, wo er sein erstes C-dur-Konzert spielte und seine erste und zweite Symphonie mit ungeheurem Beifall aufführen ließ und zuletzt noch frei phantasierte, wozu er das Thema „Gott erhalte Franz den Kaiser" wählte...
Einmal war an einem solchen Abend [bei der Witwe Mozarts] die Gesellschaft weit größer und zahlreicher als gewöhnlich und unter den vielen eleganten Herren und Damen bemerkte ich einen jungen Mann, dessen Äußeres mir sehr aufftel. Ein gemeines, unangenehmes Gesicht, mit dem er beständig zuckte, eine höchst geschmacklose Kleidung ließen irgendeinen Dorfschulmeister vermuten. Aber dagegen stachen sonderbar eine Menge kostbare, brillante Ringe ab, die er fast an allen Fingern trug. Es wurde wie gewöhnlich musiziert und endlich dieser junge Mann (der etwas über 20 Jahre alt sein mochte) aufgefordert, etwas zu spielen. Aber welch einen Meister hörte ich da! Obwohl ich damals schon so oft Gelegenheit gehabt hatte, den Gelinek, Lipowsky, Wölffl und selbst Beethoven zu hören, schien mir das Spiel dieses so unscheinbaren Menschen eine neue Welt. Noch nie hatte ich so neue, glänzende Schwierigkeiten, eine solche Reinheit, Eleganz und Zartheit des Vortrages und eine so geschmackvoll zusammengesetzte Phantasie gehört und als er später einige Sonaten Mozarts mit Violine (wozu ihm Krommer akkompagnierte) vortrug, waren mir diese längstbekannten Tonstücke eine neue Welt. — Da hieß es denn, es sei der junge Hummel, ehemals Mozarts Schüler und gegenwärtig aus London zurückkehrend, wo er lange Zeit Clementis Unterricht genossen hatte. Hummel war damals bereits (soweit die damaligen Instrumente es erlaubten) im Spiel schon auf der hohen Stufe, die ihn später so berühmt machte...
Wenn sich Beethovens Spiel durch eine ungeheuere Kraft, Charakteristik, unerhörte Bravour und Geläufigkeit aus-

zeichnete, so war dagegen Hummels Vortrag das Muster der höchsten Reinheit und Deutlichkeit, der anmutigsten Eleganz und Zartheit und die Schwierigkeiten waren stets auf den höchsten, Bewunderung erregenden Effekt berechnet, indem er die Mozartsche Manier mit der für das Instrument so weise berechneten Clementischen Schule vereinigte. Es war daher natürlich, daß er in der großen Welt den Vorrang als Spieler behauptete, und bald bildeten die zwei Meister Parteien, welche einander mit aller Macht anfeindeten. Hummels Anhänger warfen dem Beethoven vor, daß er das Fortepiano malträtiere, daß ihm alle Reinheit und Deutlichkeit mangle, daß er durch den Gebrauch des Pedals nur konfusen Lärm hervorbringe und daß seine Kompositionen gesucht, unnatürlich, melodielos und überdem unregelmäßig seien. Dagegen behaupteten die Beethovenisten, Hummel ermangle aller echten Phantasie, sein Spiel sei monoton wie ein Leierkasten, die Haltung seiner Finger sei kreuzspinnenartig und seine Kompositionen seien bloße Bearbeitungen Mozartscher und Haydnscher Motive. Auf mich hatte Hummels Spiel insoferne Einfluß, als es mich zu einem höheren Grade von Reinheit und Deutlichkeit anspornte ...

An einem solchen Morgen kam auch Beethoven (der mich in den letzten zwei Jahren nicht mehr gesehen hatte und auf meinen Vater böse war, daß dieser den Unterricht unterbrochen hatte) zum Fürsten [Lichnowsky] und schien mit meinen Fortschritten recht zufrieden. „Ich hab es ja gleich gesagt," sprach er, „daß der Junge Talent habe, aber", setzte er lächelnd hinzu, „sein Vater war gegen ihn nicht strenge genug." „Ach, Herr von Beethoven," versetzte mein Vater gutmütig, „es ist eben unser einziges Kind."

Auch mit meinem Avistaspielen war er zufrieden, als er mir das Manuskript der C-dur-Sonate op. 53 zu spielen gab.

Von dieser Zeit blieb mir Beethoven gewogen und behandelte mich freundschaftlich bis an seine letzten Tage. Ich mußte alle Korrekturen seiner neu erschienenen Werke besorgen und als im Jahre 1805 seine Oper „Leonore" aufgeführt wurde (am 20. November), ließ er mich dieselbe für das Fortepiano arrangieren. Seinen Bemerkungen bei dieser Arbeit verdanke ich die mir später so nützlich gewordene Geübtheit im Arrangieren ...
Mein freundschaftlicher Umgang mit Beethoven dauerte inzwischen ununterbrochen fort und als er im Jahre 1815 mir seinen von ihm adoptierten Neffen zum Unterricht anvertraute, sah ich ihn fast täglich bei mir und hörte ihn da oft, wenn er gut gelaunt war, auf eine mir unvergeßliche Art phantasieren.

Er hatte, wie er oft sagte, in seiner Jugend Tag und Nacht geübt und zwar so angestrengt, daß sogar seine Gesundheit darunter litt, und die körperlichen Leiden, welche eine beständige Neigung zur Hypochondrie bei ihm hervorriefen, entstanden ohne Zweifel hieraus.
Es war erstaunlich, wie schnell er Kompositionen (selbst Manuskripte und große Partituren) überblickte und wie gut er sie spielte. In dieser Hinsicht konnte ihm keiner gleichkommen. Die Art seiner Wiedergabe war immer bestimmt, aber scharf und hart. Gleiches Lob verdiente seine Darstellung der Kompositionen der großen Meister: er spielte Händels Oratorien und Glucks Werke wundervoll und erwarb sich dadurch den größten Beifall und ebenso die Fugen von Sebastian Bach.
Er erzählte mir einst, daß er als Knabe nachlässig und nicht besonders angehalten gewesen und daß seine musikalische Erziehung sehr schlecht gewesen sei. „Doch", fuhr er fort, „ich

hatte Talent zur Musik." Es war rührend, ihn diese Worte ernstlich aussprechen zu hören, als wenn das kein anderer vorher gewußt hätte. Bei einer andern Gelegenheit kam die Unterhaltung auf den Ruhm, den sein Name in der Welt erlangt hatte. „Ach, Unsinn!" sagte er, „ich habe niemals daran gedacht, für den Ruf und die Ehre zu schreiben. Was ich auf dem Herzen habe, muß heraus und darum schreibe ich." Abgesehen von den Zeiten trüber Stimmung, welche ihn mitunter überfiel und aus körperlichen Leiden hervorging, war er immer munter, mutwillig, voll von Witzen und Spott und bekümmerte sich um keinen Menschen.

Als Beethoven ein junger Mann war, fand er bei Hof gute Freunde. Er hätte, wenn er Gefallen daran gehabt hätte, auf dem höchsten Fuße leben können. Sein Charakter war dem von Jean Jacques Rousseau sehr ähnlich, aber seine Gesinnung war edel, großherzig und rein.

Um das Jahr 1803, als Beethoven op. 28 komponiert hatte, sagte er zu seinem intimen Freunde Krumpholz: „Ich bin nur wenig zufrieden mit meinen bisherigen Arbeiten. Von heute an will ich einen neuen Weg einschlagen." Kurz nach diesem Ereignisse erschienen seine drei Sonaten op. 31, in welchen man die teilweise Erfüllung seines Entschlusses verfolgen kann.

Seine Improvisation war höchst brillant und staunenswert: in welcher Gesellschaft er sich auch befinden mochte, er verstand es, einen solchen Eindruck auf jeden Hörer hervorzubringen, daß häufig kein Auge trocken blieb, während manche in lautes Schluchzen ausbrachen; denn es war etwas Wunderbares in seinem Ausdruck noch außer der Schönheit und Originalität seiner Ideen und der geistreichen Art sie wiederzugeben. Wenn er eine Improvisation dieser Art beendet hatte, konnte er in lautes Gelächter ausbrechen und seine Hörer über die Be=

wegung verspotten, die er in ihnen hervorgerufen hatte. „Ihr seid Narren", sagte er wohl. Zuweilen fühlte er sich durch diese Zeichen der Teilnahme beleidigt. „Wer kann unter solch verwöhnten Kindern leben?" rief er aus und nur aus diesem Grunde (wie er mir erzählte) lehnte er es ab, eine Einladung anzunehmen, die der König von Preußen nach einer der oben beschriebenen Improvisationen ihm zugehen ließ.

Karl Friedrich Amenda.

Nach Beendigung seiner theologischen Studien geht K. F. Amenda nach Wien, woselbst er einige Male an der Table d'hôte mit Beethoven zusammentrifft, mit ihm ein Gespräch anzuknüpfen versucht, aber nicht reüssiert, da Beethoven sehr reservé bleibt. Nach einiger Zeit wird Amenda, der unterdessen Musiklehrer bei Mozarts Witwe geworden war, zu einer befreundeten Familie eingeladen und spielt dort im Quartett die erste Violine. Während des Spiels wird ihm von jemand das Blatt umgewendet und als er sich zum Schluß umsieht, erblickt er erschreckt Beethoven, der sich diese Mühe genommen und sich nun mit einer Verbeugung zurückzieht. Am folgenden Tag erscheint der freundliche Wirt der Abendgesellschaft und ruft ganz erregt aus: „Was haben Sie gemacht? Sie haben Beethovens Herz erobert! Beethoven läßt Sie ersuchen, ihn mit Ihrer Gegenwart zu erfreuen!" Amenda macht sich hocherfreut auf und eilt zu Beethoven, der ihn sogleich auffordert, mit ihm zu musizieren. Das geschieht und als Amenda nach einigen Stunden aufbricht, begleitet ihn Beethoven bis zu seinem Quartier, woselbst wiederum gemeinschaftlich musiziert wird. Als Beethoven sich endlich zum Weggehen anschickt, sagt er zu Amenda: „Sie könnten mich wohl begleiten." Das geschieht und Beethoven behielt Amenda zum Abend bei sich und begleitet ihn dann spät des Nachts nach Hause. Von da ab werden die gegenseitigen Besuche immer häufiger und Spaziergänge werden nun gemeinschaftlich unternommen, so daß das Publikum, wenn es einmal nur einen von ihnen auf der Straße sah, gleich ausrief: „Wo ist denn der andere?" Amenda führte auch Heinrich Mylich, mit dem er nach Wien gekommen war, bei Beethoven ein und hat Mylich recht häufig mit Beethoven und Amenda Trios gespielt. Sein Instrument war die zweite Violine oder Bratsche. Als Beethoven einmal hörte, daß Mylich in Kurland eine Schwester habe, die recht hübsch Klavier spiele, übergibt er demselben eine Sonate im Manuskript mit der Aufschrift: „Der Schwester meines guten Freundes Mylich." Das Manuskript war zusammengerollt und mit einem seidenen Bändchen umwunden. Beethoven habe geklagt, er könne mit der Violine gar nicht zurechtkommen. Von Amenda aufgefordert, doch zu versuchen, entwickelt Beethoven ein so schreckliches Spiel, daß Amenda ausrufen mußte: „Erbarme dich, hör auf!" Beethoven hörte auch auf und nun lachen beide, daß sie sich die Seiten halten müssen. Eines Abends phantasierte Beethoven wundervoll auf dem Klavier und Amenda sagt am Schlusse: „Es ist jammerschade, daß eine so herrliche Musik, im Augenblick geboren, mit dem nächsten Augenblick verloren geht." Darauf Beethoven: „Da irrst Du, ich kann jede extemporierte Phantasie wiederholen", setzte sich hin und spielte sie ohne Abweichung noch einmal. Beethoven war sehr häufig in Geldverlegenheit. Einmal klagt er auch Amenda seine Not, er müsse Miete zahlen und wisse durchaus nicht, wie er das anstellen solle. „Da ist leicht zu helfen!" sagt Amenda, gibt ihm ein Thema („Freudvoll und leidvoll") und schließt ihn in sein Zimmer ein bei dem Bescheide, er müsse nach drei Stunden die Variationen begonnen haben. Als Amenda wiederkommt, findet er Beethoven noch recht mürrisch auf demselben Fleck und erhält auch auf die Frage, ob er angefangen habe, ein Stück Papier mit dem Bemerken: „Da ist der Wisch!" Amenda bringt die Noten ganz erfreut zu Beethovens Hauswirt und sagt, er solle damit in eine Verlagshandlung gehen, dort würde er ein schönes Stück Geld dafür erhalten. Der Hauswirt will anfangs nicht darauf eingehen, entschließt sich aber endlich doch zum Gang und kehrt von demselben ganz freudig zurück mit der Frage, ob nicht noch solche Zettel zu haben wären. Um jedoch der Geldnot gründlich ein Ende zu machen, rät Amenda dem Beethoven doch zu reisen, namentlich nach Italien. Beethoven erklärt sich einverstanden, doch nur unter der Bedingung, daß Amenda mit ihm reise. Amenda ist gern dazu bereit und wird dann die gemeinschaftliche Abreise ziemlich fest verabredet. Leider aber ruft eine Trauerbotschaft Amenda in die Heimat zurück. Sein Bruder ist verunglückt und ihm liegt die Sorge für die zurückgebliebene Familie des Bruders ob. Mit doppelt beschwertem Herzen nimmt Amenda von Beethoven Abschied und will heim nach Kurland. Dort erhält er bald darauf einen Brief von Beethoven, in welchem es heißt: „Da Du mich nicht begleiten kannst, so kann ich nicht nach Italien reisen." Auch späterhin haben die Freunde häufig ihre Gedanken brieflich ausgetauscht.

Ignaz von Seyfried.
Dieses festgeschlungene Band wurde die ganze lange Jahresreihe hindurch auch nie irgend gelockert, nie durch einen, selbst noch so geringfügigen Zwist gestört. Nicht als ob wir beide stets und immerdar eines und desselben Sinnes gewesen wären oder sein hätten können: vielmehr sprach sich jeder frei und unverhohlen aus, wie ers eben aus geprüfter Überzeugung fühlte und als wahr erfand, fern von allem

sträflichen, egoistischen Eigendünkel, diese seine differierende Ansichten und Glaubensmeinungen dem Gegenpart als infallibel aufdringen zu wollen. Überhaupt war Beethoven viel zu gerade, offen und tolerant, um jemanden durch Mißbilligung oder Widerspruch zu kränken: was ihm nicht behagte, pflegte er nur recht herzlich zu belachen und wohl glaube ich mit Zuversicht behaupten zu können, daß er sich, wissentlich wenigstens, nie in seinem ganzen Leben einen Feind zuzog; nur wem seine Eigenheiten fremde waren, der mochte sich auch in seinem Umgange – ich spreche von einer frühern Zeit, als ihn noch nicht das Unglück der Taubheit getroffen – vielleicht nicht so ganz ordentlich zurechtefinden. Wenn Beethoven dagegen bei manchen, meist sich ihm selbst aufgedrungenen Protektoren mit seiner derben Geradheit wohl mitunter das Kindlein samt dem Bade verschüttete, so lag die Schuld einzig daran, daß der ehrliche Deutsche stets das Herz auf der Zunge trug und alles besser als zu hofieren verstand, auch – des eigenen Wertes bewußt – sich nie zum Spielball der eitlen Launen seiner mit dem Namen und der Kunst des gefeierten Meisters sich brüstenden Mäzenaten entwürdigen ließ. – So war er denn nur von jenen verkannt, welche sich die Mühe verdrießen ließen, den scheinbaren Sonderling kennen zu lernen.

Als er den „Fidelio", das Oratorium „Christus am Ölberge", die Symphonien in Es, C-moll und F, die Pianofortekonzerte in C-moll und G-dur, das Violinkonzert in D komponierte, wohnten wir beide in einem und demselben Hause, besuchten fast tagtäglich, da wir eine Garçonwirtschaft trieben, selbander das nämliche Speisehaus und verplauderten zusammen manch unvergeßliches Stündchen in kollegialischer Traulichkeit; denn Beethoven war damals heiter, zu jedem Scherz aufgelegt, frohsinnig, munter, lebens-

lustig, witzig, nicht selten auch satirisch; noch hatte ihn kein physisches Übel heimgesucht, kein Verlust eines sonderlich dem Musiker so höchst unentbehrlichen Sinnes seine Tage getrübt; nur schwache Augen waren ihm aus früher Kindheit als Nachwehen der bösartigsten Pockenseuche zurückgeblieben und diese zwangen ihn, schon im angehenden Jünglingsalter zu konkaven, sehr scharfen Brillengläsern seine Zuflucht zu nehmen. –
Von den oben angeführten, in der gesamten Musikwelt als Meisterwerke anerkannten Schöpfungen ließ er mich jedes vollendete Tonstück alsogleich am Piano hören und verlangte mir, ohne mir lange Zeit zum Besinnen zu gönnen, auch unverzüglich mein Urteil darüber ab; solches durfte ich freimütig, unumwunden geben, ohne befürchten zu müssen, einen ihm wildfremden, gar nicht innewohnenden Afterkünstlerstolz damit zu verletzen. Die Symphonien und Konzerte, welche er bei seinen Benefizen im Theater an der Wien zum ersten Male produzierte, das Oratorium und die Oper studierte ich selbst nach seiner Angabe mit dem Sängerpersonale ein, hielt alle Orchesterproben und leitete persönlich die Vorstellungen; beim Vortrage seiner Konzertsätze lud er mich ein, ihm umzuwenden; aber – hilf Himmel! – das war leichter gesagt, als getan: ich erblickte fast lauter leere Blätter, höchstens auf einer oder der anderen Seite ein paar nur ihm zum erinnernden Leitfaden dienende, mir rein unverständliche ägyptische Hieroglyphen hingekritzelt; denn er spielte beinahe die ganze Prinzipalstimme bloß aus dem Gedächtnisse, da ihm, wie fast gewöhnlich der Fall eintrat, die Zeit zu kurz ward, solche vollständig zu Papiere zu bringen. So gab er mir also nur jedesmal einen verstohlenen Wink, wenn er mit einer dergleichen unsichtbaren Passage am Ende war, und meine kaum zu bergende Ängstlichkeit, diesen entscheidenden Moment

ja nicht zu verabsäumen, machte ihm einen ganz köstlichen Spaß, worüber er sich noch bei unserm gemeinschaftlichen, jovialen Abendbrote vor Lachen ausschütten wollte.

Wenn das widerlich klingende Sprüchlein: propria laus sordet mir nicht in die Ohren tönte, so möchte ich es wohl selbst bekennen, daß er mich recht gut leiden konnte, mir herzlich zugetan war und auch einige Stücke auf mich hielt.

Charakterzüge und Anekdoten.

Beethoven brachte die Sommermonate alljährlich auf dem Lande zu, wo er unter dem azurblauen Himmelszelte am liebsten und erfolgreichsten komponierte. Einmal mietete er sich in dem romantischen Mödling ein, um die unterösterreichische Schweiz, den pittoresken Briel, recht nach Herzenslust genießen zu können. Es wurde also ein vierspänniger Lastwagen mit wenig Mobilien zwar, dagegen aber mit einer ungeheuern Wucht von Musikalien befrachtet; die turmhohe Maschine setzte sich langsam in Bewegung und der Besitzer dieser Schätze marschierte seelenvergnügt per pedes Apostolorum voraus. Kaum außerhalb der Linien zwischen blühenden, vom sanften Zephir wellenförmig bewegt sich schaukelnden Kornfeldern unter dem Jubelgesang schwirrender Lerchen, die trillernd mit Wonnegruß des lieblichen Lenzes ersehnte Ankunft feierten, erwachte schon der Geist; Ideen durchkreuzten sich, wurden ausgesponnen, geordnet, mit der Bleifeder notiert — und rein vergessen war nunmehr auch der Wanderung Zweck und Ziel. Die Götter wissen, wo sich unser Meister in der ganzen langen Zwischenzeit herumgetrieben haben mag; genug, er langte erst mit einbrechender Dämmerung schweißtriefend, staubbedeckt, hungerig, durstig und todmüde in seinem erwählten Tusculum an. Aber, hilf Himmel! welch greuliches Spektakel wartete dort seiner! Der Fuhrmann hatte seine

Schneckenfahrt sonder Gefährde vollendet, den Patron aber, dem er sich verdungen und welcher ihn auch bereits bezahlt, zwei Stunden vergebens erwartet. Unbekannt mit dessen Namen, konnte auch keine Nachfrage stattfinden; der Roßebändiger wollte wenigstens zu Hause schlafen – er machte also kurzen Prozeß, lud den gesamten Transport frei auf dem Marktplatze ab und retournierte ungesäumt. Beethoven ärgerte sich vorerst tüchtig; dann brach er in ein schallendes Gelächter aus, dingte nach kurzer Überlegung ein halbes Dutzend gaffender Straßenjungen und hatte vollauf zu tun, um bis zum die Mitternachtsstunde verkündenden Nachtwächterrufe glücklicherweise bei Lunas Silberschein die Kinder seiner Phantasie mindestens pêle-mêle noch unter Dach und Fach zu bringen.

Als der Meister seine Phantasie mit Orchester und Chor das erstemal öffentlich zu Gehör brachte, bestimmte er bei den wie gewöhnlich mit nassen Stimmen etwas flüchtig abgehaltenen Proben, daß die zweite Variation durchaus gespielt werden sollte. Abends jedoch, ganz vertieft in seine Schöpfung, vergaß er der gegebenen Weisung, wiederholte den ersten Teil und das Orchester akkompagnierte zur andern Hälfte, was allerdings nicht ganz erbaulich klang. Freilich ein klein wenig zu spät merkte es der Konzertist, hielt plötzlich inne, sah sich verwundert nach seinen verlornen Kommilitonen um und rief ihnen ein trockenes: „Noch einmal!" zu. Unwillig fragte der Violindirektor Anton Wranitzky: „Also mit Repetition?" „Ja!" erscholls zurück und nun ging die Sache wie am Schnürchen. – Daß er dadurch die braven Musiker gewissermaßen beschimpft hatte, wollte ihm anfangs gar nicht einleuchten. Er meinte, es sei Pflicht, einen vorgefallenen Fehler zu verbessern, und das Publikum könne für sein Geld alles fein ordentlich zu hören verlangen. Bereitwillig jedoch bat er das Orchester mit der ihm eigenen Herzlichkeit wegen der demselben absichtslos zugefügten Beleidigung um Verzeihung und war ehrlich genug, die Geschichte selbst weiterzuverbreiten und alle Schuld seiner eigenen Zerstreuung zuzumessen.

Jemand sendete an Beethoven eine Neujahrskarte, worauf der ohnehin wohlbekannte Charakter: „Gutsbesitzer" nicht vergessen war. Beethoven, indigniert über eine so lächerliche Eitelkeit, konnte seine mutwillige Laune nicht bezähmen, erwiderte das Kompliment durch eine Gegenkarte und fügte seinem Namen das Epitheton: „Hirnbesitzer" bei.

Je mehr der Mangel des Gehörsinns und die im Verlauf seiner letzten Lebensjahre dazu sich gesellenden körperlichen Übel des Unterleibes überhandnahmen, um so rascher entwickelten sich auch jene unheilbringenden Symptome einer martervollen Hypochondrie. Er fing an zu klagen über die böse, nur zu Lug und Betrug geneigte Welt, über Bosheit, Falschheit und Hinterlist, behauptete, man fände gar keinen redlichen Menschen mehr, sah alles im schwärzesten Lichte und mißtraute zuletzt sogar seiner durch vieljährige Dienste bewährten Haushälterin. Da beschloß er plötzlich, unabhängig zu werden, und diese barocke Idee wurde auch, wie jede andere einmal festgewurzelte, schleunigst realisiert. Er besuchte selbst die Marktplätze, wählte, feilschte und kaufte, sonder Zweifel nicht um den zivilsten Preis, und schickte sich an, den Nahrungsbedarf eigenhändig zu präparieren. So trieb er es wirklich einige Zeit hindurch und als die wenigen Freunde, die er noch in seiner Nähe duldete, ihm ernstliche Vorstellungen deswegen machten, wurde er ordentlich erzürnt darüber und bat sie, um einen evidenten Beweis seiner erklecklichen Kenntnisse in der edlen Kochkunst zu liefern, für den nächsten Mittag zu Tische. Den Geladenen blieb nichts übrig als in Erwartung der Dinge, die da kommen sollten, sich pünktlich einzustellen. Sie trafen ihren Wirt im Nachtjäckchen, das struppige Haupt mit einer stattlichen Schlafmütze bedeckt, die Lenden umgürtet mit einer blauen Küchenschürze, am Herde vollauf beschäftigt. Nach einer Geduldsprobe von mehr denn anderthalb Stunden, nachdem der Mägen ungestüme Forderungen kaum mehr durch kordiale Zwiegespräche beschwichtigt werden konnten, wurde endlich serviert. Die Suppe gemahnte an den in Gasthöfen der Bettlerzunft mild gespendeten Abhub; das Rindfleisch war kaum zur Hälfte gar gekocht und für eine Straußennatur berechnet; das Gemüse schwamm gemeinschaftlich im Wasser und Fett und der Braten schien im Schornstein geräuchert. Nichtsdestoweniger sprach der Festgeber allen Schüsseln tüchtig zu, geriet durch den zu erwartenden Beifall in einen so rosenfarbenen Humor, daß er sich selbst nach einer Person in der Burleske „Das lustige Beilager" den Koch Mehlschöberl titulierte, und suchte sowohl durch das eigene Beispiel als durch unmäßiges Anpreisen der vorhandenen Leckerbissen seine saumseligen Gäste zu animieren. Diese jedoch vermochten kaum notdürftig einige Brocken hinabzuwürgen, beteuerten, bereits übersatt zu sein, und hielten sich an gesundes Brot, frisches Obst, süßes Backwerk und unverfälschten Rebensaft. Glücklicherweise ennuyierte bald nach diesem denkwürdigen Gastgebot den Meister der Töne das Küchenregiment. Freiwillig legte er das Szepter nieder; die Haushälterin trat wieder in Amt und Würden und ihr resignierender Patron an sein Schreibpult, das er nun nicht so oft mehr verlassen durfte, um sich durch kulinarische Selbstmixturen eine Indigestion zuzuziehen.

Im Dirigieren durfte unser Meister keineswegs als Musterbild aufgestellt werden und das Orchester mußte wohl achthaben, um sich nicht von seinem Mentor irreleiten zu lassen; denn er hatte nur Sinn für seine Tondichtungen und war unablässig bemüht, durch die mannigfaltigsten Gestikulationen den identifizierten Ausdruck zu bezeichnen. So schlug er oft bei einer starken Stelle nieder, sollte es auch im schlechten Taktteile sein. Das Diminuendo pflegte er dadurch zu markieren, daß er immer kleiner wurde und beim Pianissimo sozusagen unter das Taktierpult schlüpfte. So wie die Tonmassen anschwellten, wuchs auch er wie aus einer Versenkung empor und mit dem Eintritt der gesamten Instrumentalkraft wurde er, auf den Zehenspitzen sich erhebend, fast riesengroß und schien, mit beiden Armen wellenförmig rudernd, zu den Wolken hinaufschweben zu wollen. Alles war in regsamster Tätigkeit, kein organischer Teil müßig und der ganze Mensch einem Perpetuum mobile vergleichbar. Bei zunehmender Harthörigkeit entstand freilich öfters ein derber Zwiespalt, daß der Maestro in Arsin battierte und die Musiker in Thesin akkompagnierten; dann orientierte sich der von der Heerstraße Abgekommene am leichtesten bei leisen Sätzen, während er von dem gewaltigsten Forte rein nichts verstand. Auch kam ihm in solchen Fällen das Auge zu Hilfe: er beobachtete nämlich den Strich der Bogeninstrumente, erriet daraus die eben vorgetragene Figur und fand sich bald wieder zurecht.

Als Beethoven noch nicht mit seinem organischen Gebrechen behaftet war, besuchte er gern und wiederholt Opernvorstellungen, besonders jene in dem damals so herrlich florierenden Theater an der Wien, mitunter wohl auch der lieben Bequemlichkeit zu Nutz und Frommen, da er gewissermaßen nur den Fuß aus seiner Stube und ins Parterre hineinzusetzen brauchte. Dort fesselten ihn vorzugsweise Cherubinis und Méhuls Schöpfungen, die in selber Epoche gerade anfingen, ganz Wien zu enthusiasmieren. Da pflanzte er sich denn hart hinter die Orchesterlehne und hielt, stumm wie ein Ölgötze, bis zum letzten Bogenstrich aus. Dies war aber auch das einzige Merkmal, daß ihm das Kunstwerk Interesse einflößte; wenn es ihn im Gegenteil nicht ansprach, dann machte er schon nach dem ersten Aktschlusse rechtsum und trollte sich fort. – Überhaupt war es schwer, ja rein unmöglich, aus seinen Mienen Zeichen des Beifalls oder des Mißbehagens zu entziffern: er blieb sich immer gleich, scheinbar kalt und ebenso verschlossen in seinen Urteilen über Kunstgenossen; nur der Geist arbeitete rastlos im Innern, die animalische Hülle glich einem seelenlosen Marmor. – Wunderbar genug gewährte ihm dagegen das Anhören einer recht erbärmlich schlechten Musik ein wahres Gaudium, welches er auch mittelst eines brüllenden Gelächters proklamierte. Jedermann, der ihn genauer kannte, wußte, daß er in dieser Kunst nicht minder Virtuose vom ersten Range war; nur schade, daß sogar seine nächste Umgebung selten die eigentliche Ursache einer solchen Explosion zu ergründen vermochte, da er zum öftern die eigenen geheimsten Gedanken und Einfälle zu belachen geruhte, ohne weitere Rechenschaft darüber zu geben.

Unser Beethoven gehörte schlechterdings nicht zu den eigensinnigen Komponisten, denen kein Orchester in der Welt etwas zu Dank machen kann; ja zuweilen war er gar zu nachsichtsvoll und ließ nicht einmal Stellen, die bei den Vorproben verunglückten, wiederholen; „das nächstemal wirds schon gehen!" meinte er. – Bezüglich des Ausdrucks, der kleineren Nuancen, der ebenmäßigen Verteilung von Licht und Schatten sowie eines wirksamen Tempo rubato hielt er auf große Genauigkeit und besprach sich, ohne Unwillen zu verraten, gern einzeln mit jedem darüber. Wenn er nun aber gewahrte, wie die Musiker in seine Ideen eingingen, mit wachsendem Feuer zusammenspielten, von dem magischen Zauber seiner Tonschöpfungen ergriffen, hingerissen, begeistert wurden, dann verklärte freudig sich sein Antlitz, aus allen Zügen strahlte Vergnügen und Zufriedenheit, ein wohlgefälliges Lächeln umspielte seine Lippen und ein donnerndes „Bravi tutti!" belohnte die gelungene Kunstleistung. Es war des hehren Genies erster und schönster Triumphmoment, gegen welchen, wie er unumwunden gestand, selbst der Beifallssturm eines großen, empfänglichen Publikums im Schatten stand. — Beim a vista-Vortrag mußte oft der Korrektur wegen eingehalten und der Faden des Ganzen abgeschnitten werden: auch dabei blieb er geduldig; kam aber, besonders in den Scherzos seiner Symphonien, beim plötzlich unerwarteten Taktwechsel alles auseinander, dann schlug er eine dröhnende Lache auf, versicherte, er hätte es gar nicht anders erwartet, hätte schon zum voraus darauf gespitzt und äußerte eine fast kindische Freude, daß es ihm geglückt, so bügelfeste Ritter aus dem Sattel zu heben.

Als Beethoven an seinem „Fidelio" komponierte, domizilierte er, wie bereits in den biographischen Notizen erwähnt wurde, in den Wohngebäuden des Theaters an der Wien und veranstaltete mehrere Akademien, die sowohl durch die Einführung seiner neuesten Geistesprodukte als durch das eigene Meisterspiel das höchste Kunstinteresse gewannen. Beim Vortrag der Pianofortekonzerte in C-moll, G und Es lud er mich (den Herausgeber nämlich) freundschaftlich zum Umwenden ein und ergötzte sich an meiner Verwunderung, als ich in der aufliegenden Stimme trotz der bewaffneten Augen außer dem Schlüssel, der Vorzeichnung und verschiedenen über das Blatt hinlaufenden Kreuz- und Querstrichen wenig mehr als nichts zu gewahren imstande war. Er hatte sich nämlich einzig zur Erinnerung bloß die Ritornelle und die Eintritte der Solos mittelst nur ihm verständlicher Zeichen notiert und das Niederschreiben für den zukünftigen Druck auf einen gelegeneren, mehr Muße gewährenden Zeitpunkt prolongiert. Bei solcher Gestalt der Sachen wurde also zwischen uns der Akkord geschlossen, gemäß welchem ich jedesmal vor Beendigung einer Seite zum Vertieren avisiert werden sollte. Während der Produktion jedoch konnte der damals noch so lebenslustige, für jeden harmlosen Scherz und unschuldige Neckerei immerdar gestimmte Meister sich die Lust nicht versagen, mich recht in die Enge zu treiben und das verabredete Signal so lange als möglich, meistens bis zum letzten Entscheidungsmoment hinauszuschieben. — Wer hätte wohl, nachdem alles glücklich vorüber und die Geschichte mit einer kurzen Angst abgetan war, dem Freunde darob zürnen und ihm nicht die verzeihliche Freude über den gelungenen kleinen Schabernack von ganzem Herzen gönnen wollen?

Zu seinen Lieblingsgerichten gehörte auch eine Brotsuppe, breiartig gekocht, worauf er sich jeden Donnerstag schon zum voraus freute. Dazu mußten ihm zehn ansehnliche Eier auf einem Teller präsentiert werden, welche er, bevor selbe in das Fluidum hineingerührt wurden, vorerst gegen das Licht prüfend sondierte, eigenhändig köpfte und der Frische wegen sorgfältig beschnüffelte. Wollte es nun das Fatum, daß er einige darunter mit dem sogenannten Strohgeruch aufstöberte, dann ging auch der Spektakel los. Ein Donnerwort zitierte die Wirtschafterin vor Gericht, welche jedoch, wohl wissend, was die Glocke geschlagen, zwischen Tür und Angel dem Toben und Schelten nur ein halbes Ohr lieh und auf eine kluge Retraite bedacht war, wenn herkömmlicherweise die Kanonade beginnen und die dekapitierten Malefikanten gleich Bombenwürfen aus wohlbedienten Batterien auf ihrem Rücken spielen und deren gelblichweißes, kleberiges Eingeweide in Lavaströmen darüber sich ergießen sollte.

Ohne ein kleines Notenbuch, worin er seine momentanen Ideen bemerkte, war er nie auf der Straße zu finden. Kam darauf zufällig die Rede, so parodierte er Johanna d'Arcs Worte: „Nicht ohne meine Fahne darf ich kommen!" und mit einer Stetigkeit sondergleichen hielt er das sich selbst gegebene Gesetz, wiewohl übrigens in seinem Haushalt eine wahrhaft admirable Konfusion dominierte. Bücher und Musikalien in allen Ecken zerstreut, dort das Restchen eines kalten Imbisses, hier versiegelte oder halbgeleerte Bouteillen, dort auf dem Stehpulte die flüchtige Skizze eines neuen Quatuors, hier die Rudera des Dejeuners, dort am Piano auf bekritzelten Blättern das Material zu einer herrlichen, noch als Embryo schlummernden Symphonie, hier eine auf Erlösung harrende Korrektur, freundschaftliche und Geschäftsbriefe den Boden bedeckend, zwischen den Fenstern ein respektabler Laib Stracchino, ad latus erkleckliche Trümmer einer echten Veroneser Salami – – und trotz dieses Bunterlei hatte unser Meister die Manier, ganz im Widerspruche zur Wirklichkeit seine Akkuratesse und Ordnungsliebe bei jeder Gelegenheit mit ciceronianischer Eloquenz herauszustreichen. Nur wenn tage-, stunden-, oft wochenlang etwas Benötigtes gesucht werden mußte und alles Bemühen fruchtlos blieb, dann gings aus einem andern Tone und Unschuldige sollten das Bad ausgießen. „Ja, ja!" – wurde kläglich gejammert – „das ist ein Unglück! nichts kann an Ort und Stelle bleiben, wo ich es hingelegt; alles wird mir verräumt; alles geschieht mir zum Possen; o Menschen! Menschen!" — Die Dienerschaft aber kannte den gutmütigen Murrkopf; ließ ihn nach Herzenslust fortbrummen und — wenige Minuten — so war alles vergessen, bis ein ähnlicher Anlaß dieselbe Szene erneuerte.

Über seine in Wahrheit höchst unleserlichen Schriftzüge machte er sich selbst oftmals lustig und fügte zur Entschuldigung bei: „Das Leben ist zu kurz, um Buchstaben oder Noten zu malen, und schönere Noten brächten mich schwerlich aus den Nöten."
Der ganze Vormittag vom ersten Lichtstrahl bis zur Tafelzeit war der mechanischen Arbeit, dem Niederschreiben nämlich geweiht; des Tages Rest gehörte zum Denken und Ordnen der Ideen. Kaum den letzten Bissen zum Munde geführt, wurde, falls er keinen weiteren Ausflug in petto hatte, die gewöhnliche Promenade angetreten, das heißt: er lief im Doublierschritt, wie gestachelt dazu, ein paarmal rund um die Stadt. Ob es nun regnete, schneite oder hagelte, ob das Thermometer 16 Kältegrade anzeigte, ob Boreas seinen eisigen Hauch mit vollen Backen von Böhmens Grenzmarken herüberblies, ob der Donner brüllte, zackige Blitze die Lüfte durchschnitten, die Windsbraut heulte oder Phöbus' Glutstrahlen wie in Libyens Sandmeeren senkrecht auf den Scheitel niederfielen — was kümmerte alles dies den Geweihten, der seinen Gott im Herzen trug und dem vielleicht gerade eben unter dem Aufruhr der Elemente im Geiste ein paradiesisch milder Frühling erblühte?

Beethoven erlaubte sich selbst gegen intime Freunde nur selten, ein Urteil über Kunstgenossen zu fällen. Was er jedoch

1. Ludwig van Beethoven in seinem 16. Jahre.

von den nachstehenden vier Meistern dachte, mögen seine eigenen Worte bekräftigen:

„Cherubini ist mir unter allen lebenden Opernkomponisten der achtungswerteste. Auch mit seiner Auffassung des Requiems bin ich ganz einverstanden und will mir, komme ich nur einmal dazu, selbst eines zu schreiben, manches ad notam nehmen."

„Karl Maria Weber hat zu spät angefangen zu lernen; die Kunst konnte sich nimmer recht natürlich entfalten und sein sichtliches, einziges Streben ging dahin, für genial zu gelten."[1]

„Mozarts größtes Werk bleibt ‚Die Zauberflöte'; denn hier erst zeigte er sich als deutscher Meister. — ‚Don Juan' hat noch ganz den italienischen Zuschnitt und überdies sollte die heilige Kunst nie zur Folie eines so skandalösen Sujets sich entwürdigen lassen."

„Händel ist der unerreichte Meister aller Meister! Geht hin und lernt mit wenigen Mitteln so große Wirkungen hervorbringen."

Wenn er nicht eigentliche Lust fühlte, bedurfte es vielfältiger und wiederholter Aufforderungen, um ihn nur erst ans Klavier zu bringen. Ehe er zu spielen begann, pflegte er mit der flachen Hand auf die Tasten zu schlagen, mit einem Finger darüberzufahren, überhaupt allerlei Kurzweil zu treiben und solchen gewohnterweise recht herzhaft zu belachen.

Während seines Sommeraufenthaltes auf den Gütern eines Mäzen ward ihm so arg zugesetzt, vor den fremden Gästen sich hören zu lassen, daß er nun erst recht erbost wurde und das, was er eine knechtische Arbeit schalt, standhaft beharrlich verweigerte. Die gewiß nicht ernstlich gemeinte Drohung

---

[1] Diese Äußerung ward vor Aufführung des „Freischütz" gemacht.

mit Hausarrest hatte zur Folge, daß Beethoven bei Nacht und Nebel über eine Stunde weit zur nächsten Stadt davonlief und von dort wie auf Windesflügeln mit Extrapost nach Wien eilte. Zur Genugtuung für erlittene Schmach mußte des Gönners Büste ein Sühnopfer werden. Sie fiel, in Trümmer zerschlagen, vom Schranke herab zur Erde.

Als Joseph Haydns Kränklichkeit zunahm, besuchte ihn Beethoven immer seltener, hauptsächlich wohl aus einer Art von Scheu, weil er bereits einen Weg eingeschlagen hatte, den jener nicht ganz eigener Überzeugung zufolge billigte. Dennoch erkundigte sich der liebenswürdige Greis häufig nach seinem Telemach und fragte oftmals: „Was treibt denn unser Großmogul?"

Beethoven hatte die sonderbare Passion, recht oft das Logis zu wechseln, obschon das Übersiedeln mit Sack und Pack ihm höchst lästig fiel und jederzeit mit einem Verlust an Bagage verbunden war. Kaum im Posseß einer neuen Wohnung, mißfiel ihm schon wieder manches daran und er lief sich abermals die Füße wund, um nur eine andere aufzufinden. Solchergestalt fügte es sich denn mitunter, daß er zu gleicher Zeit mehrere Quartiere gemietet hatte und nun, ein zweiter Herkules am Scheidewege, in nicht geringe Verlegenheit geriet, welchem er nach Recht, Gewissen und Billigkeit den Vorzug gönnen sollte.

Seit Beethoven taub wurde, sprach er wenig, sondern schrieb nur seine Bemerkungen auf das Pergament seiner Brieftasche. „Was ist Rossini?" wurde er einst gefragt. – Er schrieb zur Antwort: „Ein guter Theatermaler."

Da der königlich dänische Konzertmeister Kuhlau auf keinen Fall Wien verlassen wollte, ohne Beethovens persönliche Bekanntschaft gemacht zu haben, so veranstaltete Herr Haslinger eine kleine Landpartie nach Baden, woselbst jener seine Sommerresidenz aufgeschlagen hatte, und die Herren Sellner (Professor am vaterländischen Konservatorium), der Hofklaviermacher Herr Konrad Graf sowie Beethovens warmer Freund, Herr Holz, waren dem geschätzten Gaste zu Ehren von der Gesellschaft. Kaum angelangt an Hygieas segenspendender Heilquelle und von dem so wünschenswerten Besuch Erwartenden freundlich mit einem derben Händedruck bewillkommnet, erscholl nach kurzer Rast der Ruf: „Fort, fort! hinaus ins Freie!" — Voraus als Leithammel der geschäftige Wirt und hinterdrein, nicht ohne Anstrengung dem Schnelläufer folgend, das städtische Kleeblatt, welches recht tüchtig abzuhetzen des Kommandierenden Hauptpassion war. Da mußten denn alle Lieblingsplätze aufgesucht werden und zwar keineswegs auf den gebahntesten Wegen. Bald hieß es gemsenartig klettern zu Rauhensteins und Rauhenecks Ruinen, von deren Zinnen das entzückte Auge, so weit es immer nur zu reichen vermag, gleich einem unbegrenzten Teppich ausgebreitet, das gelobte Land erblickt; bald stürzte der kühne Führer, mit starker Faust einen Gefährten erfassend, mit des Renntiers Schnelligkeit einen fast senkrechten Abhang hinab, um sich an der Ängstlichkeit der auf schlüpfrigem Steingerölle Nachklimmenden sattsam zu weiden. Indessen bot nach jeder überstandenen Fährlichkeit das im herrlichen Helenentale bestellte Mittagsmahl reichliche Entschädigung und der Zufall, daß unsere ermüdeten Wanderer gerade eben die einzigen Gäste waren, trug wesentlich zur Erhöhung des geselligen Vergnügens bei. Hatte schon hier der perlende Sillery mehr noch als seine Schuldigkeit getan, so vollendete der in Beethovens Wohnung

zum Johannissegen reichlich fließende Vöslauer vom besten
Gewächs das begonnene Werk. Der joviale Hauspatron war
in der liebenswürdigsten Laune, von welcher sich auch seine
Freunde, ohne die Grenzen der Wohlanständigkeit zu über-
schreiten, mit fortgerissen fühlten. Kuhlau schrieb aus dem
Stegreif einen Kanon über den Namen Bach und Beethoven
weihte dem Andenken dieses genußreichen Tages nachstehen-
des Impromptu, indem er den heitern Scherz, sollte sich dennoch vielleicht der geehrte Kunstgenosse dadurch verletzt fühlen,
des anderen Tages durch beifolgende Zeilen zu entschuldigen
bemüht war ...

Wer zu Beethovens Zeit und auch noch viel später in den
höheren Kreisen Wiens gelebt hat, wird sich gewiß des Herrn
von Griesinger, königlich sächsischen Gesandten am Wiener
Hofe, erinnern. Herr von Griesinger war ein Freund der
Kunst und der Künstler und sprach sehr gern von seinen Be-
gegnungen mit berühmten Künstlern, wie unter anderm der
liebenswürdige Greis oft und gern erzählte, daß er als ganz
junger Mann der ersten Aufführung der „Zauberflöte" beigewohnt habe.
Auch mit Beethoven war er mehrmals in Berührung gekommen und erzählte einst folgendes von ihm.
„Obschon", so begann Herr von Griesinger, „das Buch des
‚Freischützen' von der Kritik vielfach angefochten ward, obgleich es auch superkluge Musikgelehrte gab, welchen die Musik
zu volkstümlich und zu wenig gelehrt war, weil sie nicht langweilig, schwülstig und unverständlich ist, was vielen Leuten
gleichbedeutend mit tief und gelehrt scheint, so ließ sich doch der
beispiellose Erfolg des ‚Freischützen' nicht ableugnen und fast
alle lebenden Komponisten beneideten Weber um das Buch.
Kind hatte durch den Beifall, den man auch dem Buche der

Kritik zum Trotze zollte, Lust, mehrere Opern zu dichten, und schrieb noch zwei Opern, von denen eine den Titel: ‚Die Rutengänger‘ führt. Aber der Dichter des ‚Freischützen‘ war klug genug einzusehen, daß zum günstigen Erfolge einer Oper vor allem gute Musik gehört, und äußerte gegen mich bei einem Zusammentreffen in einem Badeorte, es würde ihm sehr lieb sein, wenn Beethoven eine Operndichtung von ihm in Musik setzen wolle, er möge aber nicht an ihn schreiben, da er viel von Beethovens abstoßendem Wesen gehört habe. Ich erbot mich gelegentlich deshalb bei Beethoven anzuklopfen. Sobald es mir möglich war, erfüllte ich mein Versprechen. Beethoven entgegnete mir: ‚Danke, danke recht sehr; ich erkenne den Wert des Freischützenbuches, es ist ebenso musikalisch als malerisch; ich glaube auch, daß Kind, wollte er sich wieder in das Gebiet der Sage begeben, noch ein vortreffliches, volkstümliches Opernbuch schreiben würde, aber für eine solche Dichtung habe ich nicht Interesse genug, um sie in Musik zu setzen. Mein ‚Fidelio‘ ist vom Publikum nicht verstanden worden, aber ich weiß es, man wird ihn noch schätzen; dennoch, obgleich ich recht gut weiß, was mein ‚Fidelio‘ wert ist, so weiß ich doch ebenso klar, daß die Symphonie mein eigentliches Element ist. Wenn es in mir klingt, höre ich immer das volle Orchester; Instrumentalisten kann ich alles zumuten, bei der Gesangskomposition muß ich mich stets fragen: läßt sich das singen? Nein, nein, Herr Friedrich Kind möge es mir nicht übel deuten, aber ich schreibe keine Oper mehr.‘
Wir sprachen noch einiges über Weber und Beethoven rühmte ihn außerordentlich, so daß ich fest überzeugt bin, daß die absprechenden Urteile, welche er über Weber ausgesprochen haben soll, ihm in den Mund gelegt worden sind. Daß er aus Politik Weber bewunderte, ist nicht anzunehmen, da er sich niemals genierte, seine Meinung auszusprechen."

Ferner erzählte Herr von Griesinger: „Als wir beide noch jung, ich noch Attaché, Beethoven nur berühmt als Klavierspieler, als Komponist aber noch wenig gekannt war, trafen wir uns beim Fürsten von Lobkowitz. Ein Herr, der sich für einen großen Kunstkenner hielt, knüpfte ein Gespräch mit Beethoven an, das sich um Lebensstellung und Neigung der Dichter drehte.

‚Ich wünschte,‘ sagte Beethoven mit liebenswürdiger Offenheit, ‚ich wäre alles Handelns und Feilschens mit den Verlegern überhoben und fände einen, der sich entschlösse, mir für meine Lebenszeit eine bestimmte Jahresrente zuzusichern, wofür er das Recht haben sollte, alles, was ich komponiere, verlegen zu dürfen, und ich würde im Komponieren nicht träge sein. Ich glaube, Goethe hat es so mit Cotta und wenn ich nicht irre, hat es Händels Londoner Verleger so mit ihm gehalten.‘

‚Mein lieber junger Mann,‘ sagte zurechtweisend jener Herr, ‚Sie müssen sich nicht beklagen, denn Sie sind weder ein Goethe noch ein Händel und es ist auch nicht anzunehmen, daß Sie es werden; denn solche Geister werden nicht wieder geboren.‘

Beethoven biß die Zähne zusammen, warf dem Herrn einen geringschätzenden Blick zu und sprach kein Wort mehr mit ihm, äußerte sich auch später ziemlich heftig über die Unverschämtheit jenes Mannes.

Fürst Lobkowitz suchte Beethoven friedlichere Gesinnungen einzuflößen und sprach freundlich, als einmal die Rede auf jenen Herrn kam: ‚Lieber Beethoven, der Herr hat Sie ja nicht beleidigen wollen; es ist ja hergebracht, daß die meisten Menschen nicht glauben wollen, daß einer ihrer jüngern Zeitgenossen so viel in der Kunst leisten werde, als die Alten oder Verstorbenen, welche ihren Ruf bereits haben.‘

‚Leider wahr, Durchlaucht,' versetzte Beethoven, ‚aber mit Menschen, welche an mich nicht glauben wollen, weil ich noch nicht den allgemeinen Ruf habe, mag und kann ich nicht umgehen.'"–

Viele schüttelten damals die Köpfe und nannten den jungen Beethoven arrogant und überstolz. Wenn sie in die Zukunft hätten blicken können, würden sie jenen Herrn unverschämt gefunden haben.

Dr. Alfred Julius Becher[1] erzählte einmal folgende Anekdote von Beethoven, für deren Wahrheit er bürgte.

Als Beethoven von England aus schon die schmeichelhaftesten Beweise von Anerkennung erhalten hatte, befand er sich einmal im Gasthause zum goldenen Lamm in Wien und bemerkte, daß mehrere Musiker und Literaten sehr lebhaft miteinander sprachen. Er fragte einen, was es gäbe.

‚Die Herren behaupten, daß die Engländer weder gute Musik zu machen verstehen noch sie schätzen können,' erwiderte Mayseder, ‚aber ich bin anderer Meinung.'

Beethoven sagte sarkastisch: ‚Die Engländer haben bei mir mehrere Kompositionen für ihre Konzerte bestellt und mir dafür ein schönes Honorar angeboten, die Deutschen mit Ausnahme der Wiener fangen erst jetzt an mich aufzuführen und die Franzosen finden meine Musik unspielbar; folglich liegt es am Tage, daß die Engländer von Musik nichts verstehen. Nicht wahr? Haha!' Er lachte herzlich und der Streit hatte sogleich ein Ende."

Beethoven war im eigentlichsten Sinne des Wortes ein echter Deutscher mit Leib und Seele. Der lateinischen, französischen

---

[1] Einer der Beethovenderwische, wie sich in den Jahren 1838—1848 die Mitglieder eines Vereins von Musikern in Wien nannten.

und italienischen Sprache vollkommen mächtig, bediente er
sich dennoch, wo es immer nur angehen mochte, am liebsten
seines vaterländischen Idioms. Hätte er seinen Willen durchsetzen können, alle seine Werke würden mit deutschen Titelblättern gedruckt erschienen sein; sogar das exotische Wörtlein: Pianoforte versuchte er auszumerzen und wählte dafür
den bezeichnenden Ausdruck: Hammerklavier[1] als zweckmäßig
passenden Stellvertreter. Zur Erholung nach anstrengender
Arbeit diente ihm nebst der seinem Geiste wahlverwandten
Poesie das Studium der Universalhistorie. Unter Deutschlands Dichtern war und blieb Goethe sein Liebling.

Auch in andern schönen Künsten und Wissenschaften besaß
er, ohne damit zu prunken, mehr denn oberflächliche Kenntnisse; besonders gern sprach er im traulichen Zirkel über politische Gegenstände sich aus mit solch hellem Überblick, richtiger Auffassung und klarer Ansicht, wie man es dem nur in
und für seine Kunst lebenden diplomatischen Proselyten nimmermehr zugetraut hätte.

Rechtlichkeit, strenge Moralität, sittliches Gefühl, ein frommer Sinn und reine Religion galten ihm über alles; diese
Tugenden thronten in ihm und er forderte sie auch von andern. „Ein Mann ein Wort" war sein Wahlspruch und nichts
konnte ihn mehr erbosen als eine nicht gehaltene Zusage.
Gern half er aus warmer Nächstenliebe, wo er nur immer
konnte, nur zu oft mit bedeutenden, zum eigenen Nachteil
folgereichen Aufopferungen; wer immer freimütig im gläubigen Vertrauen an ihn sich wandte, durfte auch auf gewissen,
tätigen Beistand zählen. Er kannte weder Geiz noch Verschwendung, aber ebensowenig den eigentlichen Wert des

---

[1] Sonate für das Hammerklavier (Pianoforte). 101. Werk. Wien, Haslinger.

Geldes, welches er nur als Mittel betrachtete zur Anschaffung der unumgänglich notwendigen Bedürfnisse, und erst in den letzten Jahren zeigten sich Spuren einer ängstlichen Sparsamkeit, ohne jedoch den angebornen Hang zum Wohltun zu beeinträchtigen. — Während eine halbe Welt widerhallt in Lob und Preis des verklärten Sängers, dürften nur wenige seinen hohen Menschenwert im vollsten Umfang zu würdigen fähig sein. — Warum wohl? Weil die Mehrzahl sich abgestoßen fühlte durch die rauhe Außenschale und den inliegenden herrlichen Kern gar nicht einmal entfernt ahnen konnte. Birgt nicht auch den köstlichen, öfters unschätzbaren Diamant eine fahle, matte, farb- und glanzlose Hülle?

Ferdinand Ries.

Als mein Vater, von dem ich den ersten und dabei, was für meine ganze Laufbahn höchst glücklich war, sehr gründlichen Unterricht im Klavierspiele und in der Musik überhaupt erhalten hatte, glaubte, es sei nunmehr Zeit, mich, da Bonn durch den Krieg tief heruntergekommen war, auswärts weiter auszubilden, so kam ich, fünfzehn Jahre alt, erst nach München und von da nach Wien.

Die freundlichen Verhältnisse, worin mein Vater mit dem Knaben und Jünglinge Beethoven ununterbrochen gestanden hatte, berechtigten ihn zu der Erwartung, ich würde von diesem gut aufgenommen werden. Ein Empfehlungsbrief führte mich ein. Als ich diesen bei meiner Ankunft in Wien 1800 Beethoven überreichte, war er mit der Vollendung seines Oratoriums „Christus am Ölberge" sehr beschäftigt, da dieses eben in einer großen Akademie (Konzerte) am Wiener Theater zu seinem Vorteile zuerst gegeben werden sollte. Er las den Brief durch und sagte: „Ich kann Ihrem Vater jetzt nicht antworten; aber schreiben Sie ihm, ich hätte nicht vergessen,

wie meine Mutter starb; damit wird er schon zufrieden sein."
Später erfuhr ich, daß mein Vater ihn, da die Familie sehr bedürftig war, bei dieser Gelegenheit auf jede Art tätig unterstützt hatte.

Beethoven fand gleich in den ersten Tagen, daß er mich brauchen könne, und so wurde ich oft schon früh um fünf Uhr geholt, wie auch am Tage der Aufführung des Oratoriums geschah. Ich traf ihn im Bette, auf einzelne Blätter schreibend. Als ich ihn fragte, was es sei, antwortete er: „Posaunen." — — Die Posaunen haben auch in der Aufführung von diesen Blättern geblasen.
Hatte man vergessen, diese Stimmen zu kopieren? War es ein Nachgedanke? Ich war damals zu jung, um auf das künstlerische Interesse dabei zu merken. Wahrscheinlich war es jedoch ein Nachgedanke, da Beethoven die nicht kopierten Blätter ebenso hätte haben können, wie er die kopierten besaß. Die Probe fing um acht Uhr morgens an und von neuen Sachen nebst dem Oratorium wurden, ebenfalls zum ersten Male, aufgeführt: Beethovens zweite Symphonie in D-Dur, das Klavierkonzert in C-Moll und noch ein neues Stück, dessen ich mich nicht mehr erinnere. Es war eine schreckliche Probe und um halb drei Uhr alles erschöpft und mehr oder weniger unzufrieden.
Fürst Karl Lichnowsky, der von Anfang der Probe beiwohnte, hatte Butterbrot, kaltes Fleisch und Wein in großen Körben holen lassen. Freundlich ersuchte er alle, zuzugreifen, welches nun auch mit beiden Händen geschah und den Erfolg hatte, daß man wieder guter Dinge wurde. Nun bat der Fürst, das Oratorium noch einmal durchzuprobieren, damit es abends recht gut ginge und das erste Werk dieser Art von Beethoven seiner würdig ins Publikum gebracht würde. Die Probe fing

also wieder an. Das Konzert begann um sechs Uhr, war aber so lang, daß ein paar Stücke nicht gegeben wurden.

In der schon genannten Symphonie in D, die mir Beethoven in seiner eigenen Handschrift in Partitur geschenkt hatte (und die mir leider von einem Freunde aus reiner Freundschaft gestohlen wurde), zeigte sich im Larghetto quasi Andante etwas sehr Auffallendes. Das Larghetto ist nämlich so schön, so rein und freundlich gedacht, die Stimmenführung so natürlich, daß man sich kaum denken kann, es sei je etwas daran geändert worden. Der Plan war auch von Anfang an, wie er jetzt ist, allein in der zweiten Violine ist beinahe schon in den ersten Linien bei vielen Stellen ein sehr bedeutender Teil der Begleitung und an einigen Stellen auch in der Altviole geändert, jedoch alles so vorsichtig ausgestrichen, daß ich trotz vieler Mühe nie die Originalidee herausfinden konnte. Ich habe auch Beethoven darüber gefragt, der mir aber trocken erwiderte, so sei es besser.

Im Jahre 1802 komponierte Beethoven in Heiligenstadt, einem anderthalb Stunden von Wien gelegenen Dorfe, seine dritte Symphonie (jetzt unter dem Titel: Sinfonia eroica bekannt). Beethoven dachte sich bei seinen Kompositionen oft einen bestimmten Gegenstand, obschon er über musikalische Malereien häufig lachte und schalt, besonders über kleinliche der Art. Hiebei mußten „Die Schöpfung" und „Die Jahreszeiten" von Haydn manchmal herhalten, ohne daß Beethoven jedoch Haydns höhere Verdienste verkannte, wie er denn namentlich bei vielen Chören und anderen Sachen Haydn die verdientesten Lobsprüche erteilte. Bei dieser Symphonie hatte Beethoven sich Buonaparte gedacht, aber diesen, als er noch erster Konsul war. Beethoven schätzte ihn damals außerordentlich hoch und verglich ihn den größten römischen Konsuln. Sowohl ich als mehrere seiner näheren Freunde haben diese Symphonie, schon in Partitur abgeschrieben, auf seinem Tische liegen gesehen, wo ganz oben auf dem Titelblatte das Wort „Buonaparte" und ganz unten „Luigi van Beethoven" stand, aber kein Wort mehr. Ob und womit die Lücke hat ausgefüllt werden sollen, weiß ich nicht. Ich war der erste, der ihm die Nachricht brachte, Buonaparte habe sich zum Kaiser erklärt, worauf er in Wut geriet und ausrief: „Ist der auch nichts anders wie ein gewöhnlicher Mensch! Nun wird er auch alle Menschenrechte mit Füßen treten, nur seinem Ehrgeize frönen; er wird sich nun höher wie alle andern stellen, ein Tyrann werden!" Beethoven ging an den Tisch, faßte das Titelblatt oben an, riß es ganz durch und warf es auf die Erde. Die erste Seite wurde neu geschrieben und nun erst erhielt die Symphonie den Titel: Sinfonia eroica. Späterhin kaufte der Fürst Lobkowitz diese Komposition von Beethoven zum Gebrauche auf einige Jahre, wo sie dann in dessen Palais mehrmals gegeben wurde. Hier geschah es, daß Beethoven, der selbst dirigierte, einmal im zweiten Teile des ersten Allegros, wo es so lange durch halbierte Noten gegen den Takt geht, das ganze Orchester so herauswarf, daß wieder von vorn angefangen werden mußte.

In dem nämlichen Allegro ist eine böse Laune Beethovens für das Horn: einige Takte, ehe im zweiten Teile das Thema vollständig wieder eintritt, läßt Beethoven dasselbe mit dem Horn andeuten, wo die beiden Violinen noch immer auf einem Sekundenakkorde liegen. Es muß dieses dem Nichtkenner der Partitur immer den Eindruck machen, als ob der Hornist schlecht gezählt habe und verkehrt eingefallen sei. Bei der ersten Probe dieser Symphonie, die entsetzlich war, wo der Hornist aber recht eintrat, stand ich neben Beethoven und im

Glauben, es sei unrichtig, sagte ich: „Der verdammte Hornist! kann der nicht zählen? — Es klingt ja infam falsch!" Ich glaube, ich war sehr nah daran, eine Ohrfeige zu erhalten. — Beethoven hat es mir lange nicht verziehen.

Am nämlichen Abend spielte Beethoven sein Klavierquintett mit Blasinstrumenten; der berühmte Hoboist Ramm von München spielte auch und begleitete Beethoven im Quintett. — Im letzten Allegro ist einigemal ein Halt, ehe das Thema wieder anfängt; bei einem derselben fing Beethoven auf einmal an zu phantasieren, nahm das Rondo als Thema und unterhielt sich und die andern eine geraume Zeit, was jedoch bei den Begleitenden nicht der Fall war. Diese waren ungehalten und Herr Ramm sogar sehr aufgebracht. Wirklich sah es possierlich aus, wenn diese Herren, die jeden Augenblick erwarteten, daß wieder angefangen werde, die Instrumente unaufhörlich an den Mund setzten und dann ganz ruhig wieder abnahmen. Endlich war Beethoven befriedigt und fiel wieder ins Rondo ein. Die ganze Gesellschaft war entzückt.

Der Trauermarsch in As-Moll in der dem Fürsten Lichnowsky gewidmeten Sonate (Opus 26) entstand aus den großen Lobsprüchen, womit der Trauermarsch Paers in dessen Oper „Achilles" von den Freunden Beethovens aufgenommen wurde.

Als Steibelt mit seinem großen Namen von Paris nach Wien kam, waren mehrere Freunde Beethovens bange, dieser möchte ihm an seinem Rufe schaden.
Steibelt besuchte ihn nicht: sie fanden sich zuerst eines Abends beim Grafen Fries, wo Beethoven sein neues Trio in B-Dur für Klavier, Klarinette und Violoncello (Opus 11) zum

erften Male vortrug. Der Spieler kann fich hierin nicht befonders zeigen. Steibelt hörte es mit einer Art Herablaffung an, machte Beethoven einige Komplimente und glaubte fich feines Sieges gewiß. — Er fpielte ein Quintett von eigner Kompofition, phantafierte und machte mit feinen Tremulandos, welches damals etwas ganz Neues war, fehr viel Effekt. Beethoven war nicht mehr zum Spielen zu bringen. Acht Tage fpäter war wieder Konzert beim Grafen Fries. Steibelt fpielte abermals ein Quintett mit vielem Erfolge, hatte überdies (was man fühlen konnte) fich eine brillante Phantafie einftudiert und fich das nämliche Thema gewählt, worüber die Variationen in Beethovens Trio gefchrieben find: diefes empörte die Verehrer Beethovens und ihn felbft; er mußte nun ans Klavier, um zu phantafieren; er ging auf feine gewöhnliche, ich möchte fagen ungezogene Art ans Inftrument, wie halb hingeftoßen, nahm im Vorbeigehen die Violoncellftimme von Steibelts Quintett mit, legte fie (abfichtlich?) verkehrt aufs Pult und trommelte fich mit einem Finger von den erften Takten ein Thema heraus. — Allein nun einmal beleidigt und gereizt, phantafierte er fo, daß Steibelt den Saal verließ, ehe Beethoven aufgehört hatte, nie mehr mit ihm zufammenkommen wollte, ja es fogar zur Bedingung machte, daß Beethoven nicht eingeladen werde, wenn man ihn haben wolle.

Die Kompofition der meiften Werke, die Beethoven zu einer beftimmten Zeit fertig haben follte, verfchob er faft immer bis zum letzten Augenblick. So hatte er dem berühmten Horniften Punto verfprochen, eine Sonate (Opus 17) für Klavier und Horn zu komponieren und in Puntos Konzert mit ihm zu fpielen; das Konzert mit der Sonate war angekündigt, diefe aber noch nicht angefangen. Den Tag vor der Aufführung begann Beethoven die Arbeit und beim Konzerte war fie fertig.

Die berühmte Sonate in A-Moll (Opus 47) mit Violinkonzertante, Rudolf Kreutzer in Paris dediziert, hatte Beethoven ursprünglich für Bridgetower, einen englischen Künstler, geschrieben. Hier ging es nicht viel besser, obschon ein großer Teil des ersten Allegros früh fertig war. Bridgetower drängte ihn sehr, weil sein Konzert schon bestimmt war und er seine Stimme üben wollte.

Eines Morgens ließ mich Beethoven schon um halb fünf Uhr rufen und sagte: „Schreiben Sie mir diese Violinstimme des ersten Allegros schnell aus." — (Sein gewöhnlicher Kopist war ohnehin beschäftigt.) Die Klavierstimme war nur hier und da notiert. — Das so wunderschöne Thema mit Variationen aus F-Dur hat Bridgetower aus Beethovens eigener Handschrift im Konzerte im Augarten morgens um acht Uhr spielen müssen, weil keine Zeit zum Abschreiben war.

Hingegen war das letzte Allegro in $^6/_8$ A-Dur in der Violin- und Klavierstimme sehr schön abgeschrieben, weil es ursprünglich zu der ersten Sonate (Opus 30) in A-Dur mit Violine, welche dem Kaiser Alexander dediziert ist, gehörte. Beethoven setzte nachher an dessen Stelle, da es doch für diese Sonate zu brillant sei, die Variationen, die sich jetzt dabei finden.

Beethoven gab eine große Akademie im Theater an der Wien, wo seine C-Moll- und seine Pastoral- (die fünfte und sechste) Symphonie, wie auch seine Phantasie für Klavier mit Orchester und Chor zum ersten Male aufgeführt wurden. Bei der letzteren machte der Klarinettist, wo das letzte, freundliche Thema variiert schon eingetreten ist, durch Versehen eine Reprise von acht Takten. Da nur wenige Instrumente spielten, so fiel diese falsche Exekution natürlich um so schreiender ins Gehör. — Beethoven sprang wütend auf, drehte sich um und schimpfte auf die gröbste Art über die Orchestermitglieder und zwar so laut, daß das ganze Auditorium es hörte. Endlich schrie er: „Von Anfang!" Das Thema begann wieder, alle fielen richtig ein und der Erfolg war glänzend. Als aber das Konzert vorbei war, erinnerten sich die Künstler nur zu wohl der Ehrentitel, welche Beethoven ihnen öffentlich gegeben, und gerieten nun, als ob die Beleidigung eben erst stattgefunden hätte, in die größte Wut; sie schwuren, nie mehr spielen zu wollen, wenn Beethoven im Orchester wäre usw. Dies dauerte so lange, bis dieser wieder etwas Neues komponiert hatte, wo dann ihre Neugierde über ihren Zorn siegte.

Eine ähnliche Szene soll noch einmal vorgefallen sein, wo das Orchester ihn aber sein Unrecht mehr fühlen ließ und alles Ernstes darauf bestand, daß er nicht dirigiere. So habe Beethoven denn bei der Probe im Nebenzimmer bleiben müssen und es sehr lange gedauert, bis sich dieser Zwist wieder ausgeglichen.

Von allen Komponisten schätzte Beethoven Mozart und Händel am meisten, dann Sebastian Bach. Fand ich ihn mit Musik in der Hand oder lag etwas auf seinem Pulte, so waren es sicher Kompositionen von einem dieser Heroen. Haydn kam selten ohne einige Seitenhiebe weg, welcher Groll bei Beethoven wohl noch aus frühern Zeiten herstammte. Eine Ursache desselben möchte wohl folgende gewesen sein. Die drei Trios von Beethoven (Opus 1) sollten zum ersten Male der Kunstwelt in einer Soiree beim Fürsten Lichnowsky vorgetragen werden. Die meisten Künstler und Liebhaber waren eingeladen, besonders Haydn, auf dessen Urteil alles gespannt war. Die Trios wurden gespielt und machten gleich außerordentliches Aufsehen. Auch Haydn sagte viel Schönes darüber, riet aber Beethoven, das dritte in C-Moll nicht herauszugeben. Dieses fiel Beethoven sehr auf, indem er es für das beste hielt, sowie es denn auch noch heute immer am meisten gefällt und die größte Wirkung hervorbringt. Daher machte diese Äußerung Haydns auf Beethoven einen bösen Eindruck und ließ bei ihm die Idee zurück, Haydn sei neidisch, eifersüchtig und meine es mit ihm nicht gut. Ich muß gestehen, daß, als Beethoven mir dieses erzählte, ich ihm wenig Glauben schenkte. Ich nahm daher Veranlassung, Haydn selbst darüber zu fragen. Seine Antwort bestätigte aber Beethovens Äußerung, indem er sagte, er habe nicht geglaubt, daß dieses Trio so schnell und leicht verstanden und vom Publikum so günstig aufgenommen werden würde.

Bei der nämlichen Gelegenheit fragte ich Haydn, warum er nie ein Violinquintett geschrieben habe, und erhielt die lakonische Antwort: er habe immer mit vier Stimmen genug gehabt. Man hatte mir nämlich gesagt, es seien drei Quintette von Haydn begehrt worden, die er aber nie hätte komponieren können, weil er sich in den Quartettstil so hineingeschrieben habe, daß er die fünfte Stimme nicht finden könne. Er habe angefangen, es sei aber aus einem Versuche am Ende ein Quartett, aus dem andern eine Sonate geworden.

Haydn hatte gewünscht, daß Beethoven auf den Titel seiner ersten Werke setzen möchte: „Schüler von Haydn". Beethoven wollte dieses nicht, weil er zwar, wie er sagte, einigen Unterricht bei Haydn genommen, aber nie etwas von ihm gelernt habe. (Bei seiner ersten Anwesenheit in Wien hatte er einigen Unterricht von Mozart erhalten, doch hat dieser, wie Beethoven klagte, ihm nie gespielt.) Auch bei Albrechtsberger hatte Beethoven im Kontrapunkte und bei Salieri über dramatische Musik Unterricht genommen. Ich habe sie alle gut gekannt; alle drei schätzten Beethoven sehr, waren aber auch einer Meinung über sein Lernen. Jeder sagte, Beethoven sei immer so eigensinnig und selbstwollend gewesen, daß er manches durch eigene harte Erfahrung habe lernen müssen, was er früher nie als Gegenstand eines Unterrichts habe annehmen wollen. Besonders waren Albrechtsberger und Salieri dieser Meinung; die trockenen Regeln des erstern und die unwichtigeren des letzteren über dramatische Kompositionen (nach der ehemaligen italienischen Schule) konnten Beethoven nicht ansprechen. Ob die von Ritter von Seyfried herausgegebenen Studien den „unwiderlegbaren Beweis liefern, daß Beethoven seine zwei unter Albrechtsbergers Augen vollbrachten Lehrjahre mit rastloser Beharrlichkeit den theoretischen Studien widmete", bleibt demnach noch zu bezweifeln.

Zum Beweise des eben Angeführten mag folgendes dienen. Auf einem Spaziergange sprach ich ihm einmal von zwei reinen Quinten, die auffallend und schön in einem seiner ersten Violinquartette in C-Moll klingen. Beethoven wußte sie nicht und behauptete, es sei unrichtig, daß es Quinten wären. Da er die Gewohnheit hatte, immer Notenpapier bei sich zu tragen, so verlangte ich es und schrieb ihm die Stelle mit allen vier Stimmen auf. Als er nun sah, daß ich recht hatte, sagte er: „Nun! und wer hat sie denn verboten?" — Da ich nicht wußte, wie ich die Frage nehmen sollte, wiederholte er sie einigemal, bis ich endlich voll Erstaunen antwortete: „Es sind ja doch die ersten Grundregeln." Die Frage wurde noch einmal wiederholt und darauf sagte ich: „Marpurg, Kirnberger, Fux usw. usw., alle Theoretiker!" — „Und so erlaube ich sie!" war seine Antwort.

Die drei Solosonaten (Opus 31) hatte Beethoven an Nägeli in Zürich versagt, während sein Bruder Karl (Kaspar), der sich leider! immer um seine Geschäfte bekümmerte, diese Sonaten an einen Leipziger Verleger verkaufen wollte. Es war öfters deswegen unter den Brüdern Wortwechsel, weil Beethoven sein einmal gegebenes Wort halten wollte. Als die Sonaten auf dem Punkte waren, weggeschickt zu werden, wohnte Beethoven in Heiligenstadt. Auf einem Spaziergange kam es zwischen den Brüdern zu neuem Streite, ja endlich zu Tätlichkeiten. Am andern Tage gab er mir die Sonaten, um sie auf der Stelle nach Zürich zu schicken, und einen Brief an seinen Bruder, der in einen andern an Stephan von Breuning zum Durchlesen eingeschlagen war. Eine schönere Moral hätte wohl keiner mit gütigerem Herzen predigen können als Beethoven seinem Bruder über sein gestriges Betragen. Erst zeigte er es ihm unter der wahren, verachtungswerten Gestalt, dann verzieh er ihm alles, sagte ihm aber auch eine üble Zukunft vorher, wenn er sein Leben und Betragen nicht völlig ändere. Auch der Brief, den er an Breuning geschrieben hatte, war ausgezeichnet schön.

Die nämlichen Sonaten führten noch einen sonderbaren Umstand herbei. Als die Korrektur ankam, fand ich Beethoven beim Schreiben. „Spielen Sie die Sonaten einmal durch", sagte er zu mir, wobei er am Schreibpulte sitzen blieb. Es waren ungemein viele Fehler darin, wodurch Beethoven schon sehr ungeduldig wurde. Am Ende des ersten Allegros in der Sonate in G-Dur hatte aber Nägeli sogar vier Takte hineinkomponiert, nämlich nach dem vierten Takte des letzten Halts:

Als ich diese spielte, sprang Beethoven wütend auf, kam herbeigerannt und stieß mich halb vom Klavier, schreiend: „Wo steht das, zum Teufel?" — Sein Erstaunen und seinen Zorn kann man sich kaum denken, als er es so gedruckt sah. Ich erhielt den Auftrag, ein Verzeichnis aller Fehler zu machen und die Sonaten auf der Stelle an Simrock in Bonn zu schicken, der sie nachstechen und zusetzen sollte: „Edition très correcte." — Diese Bezeichnung findet sich noch heute auf dem Titelblatte. Es sind jedoch diese vier Takte in einigen andern nachgestochenen Ausgaben noch immer zu finden.

Beethoven verschaffte mir ein Engagement als Klavierspieler beim Grafen Browne. Dieser hielt sich eine Zeitlang in Baden bei Wien auf, wo ich häufig abends Beethovensche Sachen teils von den Noten, teils auswendig vor einer Versammlung von gewaltigen Beethovianern spielen mußte. Hier konnte ich mich überzeugen, wie bei den meisten schon der Name allein hinreicht, alles in einem Werke schön und vortrefflich oder mittelmäßig und schlecht zu finden. Eines Tages, des Auswendigspielens müde, spielte ich einen Marsch, wie er mir gerade in den Kopf kam, ohne irgendeine weitere Absicht. Eine alte Gräfin, die Beethoven mit ihrer Anhänglichkeit wirklich quälte, geriet darüber in ein hohes Entzücken, da sie glaubte, es sei etwas Neues von demselben, was ich, um mich über sie sowohl als über die andern Enthusiasten lustig zu machen, nur zu schnell bejahte. Unglücklicherweise kam Beethoven selbst den nächsten Tag nach Baden. Als er nun des Abends beim Grafen Browne kaum ins Zimmer trat, fing die Alte gleich an, von dem äußerst genialen, herrlichen Marsche zu sprechen. Man denke sich meine Verlegenheit. Wohl wissend, daß Beethoven die alte Gräfin nicht leiden konnte, zog ich ihn schnell beiseite und flüsterte ihm zu, ich hätte mich nur über ihre Albernheit belustigen wollen. Er nahm die Sache zu meinem Glücke sehr gut auf, aber meine Verlegenheit wuchs, als ich den Marsch wiederholen mußte, der nun viel schlechter geriet, da Beethoven neben mir stand. Dieser erhielt nun von allen die außerordentlichsten Lobsprüche über sein Genie, die er ganz verwirrt und voller Grimm anhörte, bis sich dieser zuletzt durch ein gewaltiges Lachen auflöste. Später sagte er mir: „Sehen Sie, lieber Ries! das sind die großen Kenner, welche jede Musik so richtig und so scharf beurteilen wollen. Man gebe ihnen nur den Namen ihres Lieblings; mehr brauchen sie nicht."

Dieser Marsch veranlaßte übrigens das Gute, daß Graf Browne gleich die Komposition dreier Märsche zu vier Händen, welche der Fürstin Esterhazy gewidmet wurden (Opus 45), von Beethoven begehrte.

Beethoven komponierte einen Teil des zweiten Marsches, während er, was mir noch immer unbegreiflich ist, mir zugleich Lektion über eine Sonate gab, die ich abends in einem kleinen Konzerte bei dem eben erwähnten Grafen vortragen sollte. Auch die Märsche sollte ich daselbst mit ihm spielen. Während letzteres geschah, sprach der junge Graf P... in der Türe zum Nebenzimmer so laut und frei mit einer schönen Dame, daß Beethoven, da mehrere Versuche, Stille herbeizuführen, erfolglos blieben, plötzlich mitten im Spiele mir die Hand vom Klavier wegzog, aufsprang und ganz laut sagte: „Für solche Schweine spiele ich nicht."

Alle Versuche, ihn wieder ans Klavier zu bringen, waren vergeblich; sogar wollte er nicht erlauben, daß ich die Sonate spielte. So hörte die Musik zur allgemeinen Mißstimmung auf.

Eines Abends sollte ich beim Grafen Browne eine Sonate von Beethoven (A-Moll, Opus 23) spielen, die man nicht oft hört. Da Beethoven zugegen war und ich diese Sonate nie mit ihm geübt hatte, so erklärte ich mich bereit, jede andere, nicht aber diese vorzutragen. Man wendete sich an Beethoven, der endlich sagte: „Nun, Sie werden sie wohl so schlecht nicht spielen, daß ich sie nicht anhören dürfte." So mußte ich. Beethoven wendete wie gewöhnlich mir um. Bei einem Sprunge in der linken Hand, wo eine Note recht herausgehoben werden soll, kam ich völlig daneben und Beethoven tupfte mit einem Finger mir an den Kopf, was die Fürstin Liechtenstein, die mir gegenüber auf das Klavier gelehnt saß, lächelnd bemerkte. Nach beendigtem Spiele sagte Beethoven: „Recht brav, Sie brauchen die Sonate nicht erst bei mir zu lernen. Der Finger sollte Ihnen nur meine Aufmerksamkeit beweisen." —

Später mußte Beethoven spielen und wählte die D-Moll-Sonate (Opus 31), welche eben erst erschienen war. Die Fürstin, welche wohl erwartete, auch Beethoven würde etwas verfehlen, stellte sich nun hinter seinen Stuhl und ich blätterte um. Bei dem Takte 53 in 54 verfehlte Beethoven den Anfang und anstatt mit 2 und 2 Noten herunterzugehen, schlug er mit der vollen Hand jedes Viertel (3 bis 4 Noten zugleich) im Heruntergehen an. Es lautete, als sollte ein Klavier ausgeputzt werden. — Die Fürstin gab ihm einige, nicht gar sanfte Schläge an den Kopf mit der Äußerung: „Wenn der Schüler einen Finger für eine verfehlte Note erhält, so muß der

Meister bei größeren Fehlern mit vollen Händen bestraft werden." Alles lachte und Beethoven zuerst. Er fing nun aufs neue an und spielte wunderschön, besonders trug er das Adagio unnachahmlich vor.

Es sind sehr viele Sachen von Beethoven erschienen unter der Bezeichnung: „Arrangé par l'Auteur même"; aber nur vier von diesen sind echt, nämlich: Aus seinem berühmten Septett arrangierte er: 1. ein Violinquintett und 2. ein Klaviertrio. 3. Aus seinem Klavierquintett mit vier Blasinstrumenten bildete er das Klavierquartett mit drei Saiteninstrumenten; 4. dann arrangierte er noch das dem Stephan von Breuning dedizierte Violinkonzert (Opus 61) zu einem Klavierkonzerte. Viele andere Sachen wurden von mir arrangiert, von Beethoven durchgesehen und dann von seinem Bruder Kaspar unter Beethovens Namen verkauft.

Wenn Beethoven mir Lektion gab, war er, ich möchte sagen, gegen seine Natur auffallend geduldig. Ich mußte dieses sowie sein nur selten unterbrochenes freundschaftliches Benehmen gegen mich größtenteils seiner Anhänglichkeit und Liebe für meinen Vater zuschreiben. So ließ er mich manchmal eine Sache zehnmal, ja noch öfter wiederholen. In den Variationen in F-Dur, der Fürstin Odescalchi gewidmet (Opus 34), habe ich die letzten Adagiovariationen siebzehnmal fast ganz wiederholen müssen: er war mit dem Ausdrucke in der kleinen Kadenz immer noch nicht zufrieden, obschon ich glaubte, sie ebenso gut zu spielen wie er. Ich erhielt an diesem Tage beinahe zwei volle Stunden Unterricht. Wenn ich in einer Passage etwas verfehlte oder Noten und Sprünge, die er öfter recht herausgehoben haben wollte, falsch anschlug, sagte er selten etwas; allein wenn ich am Ausdrucke, an Crescendos usw. oder am Charakter des Stückes etwas mangeln ließ, wurde er aufgebracht, weil, wie er sagte, das erstere Zufall, das andere Mangel an Kenntnis, an Gefühl oder an Achtsamkeit sei. Ersteres geschah auch ihm gar häufig, sogar wenn er öffentlich spielte.

Beethoven war äußerst gutmütig, aber ebenso leicht gereizt und mißtrauisch, wovon die Quelle in seiner Harthörigkeit, mehr aber noch in dem Betragen seiner Brüder lag. Seine erprobtesten Freunde konnten leicht durch jeden Unbekannten bei ihm verleumdet werden; denn er glaubte nur zu schnell und unbedingt. Er machte alsdann dem Beargwohnten keine Vorwürfe, begehrte keine Erklärung, sondern zeigte auf der Stelle in seinem Betragen gegen ihn den größten Troh und die höchste Verachtung. Da er in allem außerordentlich heftig war, so suchte er auch beim vermeinten Feinde die empfindlichste Seite auf, um ihm seinen Zorn zu beweisen. Daher wußte man häufig nicht, woran man mit ihm war, bis sich die Sache und zwar meistens zufällig aufklärte. Dann suchte er aber auch sein Unrecht ebenso schnell und wirksam wieder gutzumachen. Unter vielen will ich folgenden Beweis des hier Angeführten wählen.
Beethoven sollte als Kapellmeister zum Könige von Westfalen kommen: der Kontrakt, wodurch ihm sechshundert Dukaten Gehalt nebst (wenn ich nicht irre) freier Equipage zugesichert wurden, war ganz fertig; es fehlte nur seine Unterzeichnung. Dieses gab die Veranlassung, daß der Erzherzog Rudolf und die Fürsten Lobkowitz und Kinsky ihm lebenslänglich einen Gehalt zusagten unter der einzigen Bedingung, daß er nur in den kaiserlichen Staaten bleibe. Das erstere wußte ich, das letztere nicht, als plötzlich Kapellmeister Reichardt zu mir kam und mir sagte, Beethoven nähme die Stelle in

Kassel bestimmt nicht an; ob ich als Beethovens einziger Schüler mit geringerem Gehalte dorthin gehen wolle. Ich glaubte ersteres nicht, ging gleich zu Beethoven, um mich nach der Wahrheit dieser Aussage zu erkundigen und ihn um Rat zu fragen. Drei Wochen lang wurde ich abgewiesen, sogar meine Briefe darüber nicht beantwortet. Endlich fand ich Beethoven auf der Redoute. Ich ging sogleich auf ihn zu und machte ihn mit der Ursache meines Ansuchens bekannt, worauf er in einem schneidenden Tone sagte: „So — glauben Sie, daß Sie eine Stelle besetzen können, die man mir angeboten hat?" — Er blieb nun kalt und zurückstoßend. Am andern Morgen ging ich zu ihm, um mich mit ihm zu verständigen. Sein Bedienter sagte mir in einem groben Tone: „Mein Herr ist nicht zu Hause", obschon ich ihn im Nebenzimmer singen und spielen hörte. Nun dachte ich, da der Bediente mich schlechterdings nicht melden wollte, grade hineinzugehen; allein dieser sprang nach der Tür und stieß mich zurück. Hierüber in Wut gebracht, faßte ich ihn an der Gurgel und warf ihn schwer nieder. Beethoven, durch das Getümmel aufmerksam gemacht, stürzte heraus, fand den Bedienten noch auf dem Boden und mich totenbleich. Höchst gereizt, wie ich nun war, überhäufte ich ihn mit Vorwürfen derart, daß er vor Erstaunen nicht zu Wort kommen konnte und unbeweglich stehen blieb. Als die Sache aufgeklärt war, sagte Beethoven: „So habe ich das nicht gewußt; man hat mir gesagt, Sie suchten die Stelle hinter meinem Rücken zu erhalten." Auf meine Versicherung, daß ich noch gar keine Antwort gegeben hätte, ging er sogleich, um seinen Fehler gutzumachen, mit mir aus. Allein es war zu spät: ich erhielt die Stelle nicht, obschon sie damals ein sehr bedeutendes Glück für mich gewesen wäre.

Besonders bemühten sich seine Brüder, alle näheren Freunde von ihm fernzuhalten, und was diese auch immer Schlechtes gegen ihn trieben, wovon man ihn vollständig überzeugte, so kostete es ihnen nur ein paar Tränen und gleich vergaß er alles. Er pflegte dann zu sagen: „Es ist doch immer mein Bruder" und der Freund bekam Vorwürfe für seine Gutmütigkeit und Offenheit.
Der Zweck der Brüder wurde in der Art erreicht, daß sich viele Freunde von ihm zurückzogen, besonders als es seiner Harthörigkeit wegen schwieriger wurde, sich mit ihm zu unterhalten.

Beethoven litt nämlich schon im Jahr 1802 verschiedenemal am Gehör, allein das Übel verlor sich wieder. Die beginnende Harthörigkeit war für ihn eine so empfindliche Sache, daß man sehr behutsam sein mußte, ihn durch lauteres Sprechen diesen Mangel nicht fühlen zu lassen. Hatte er etwas nicht verstanden, so schob er es gewöhnlich auf eine Zerstreutheit, die ihm allerdings in höherem Grade eigen war. Er lebte viel auf dem Lande, wohin ich denn öfter kam, um eine Lektion zu erhalten. Zuweilen sagte er dann morgens um acht Uhr nach dem Frühstück: „Wir wollen erst ein wenig spazieren gehen." Wir gingen, kamen aber mehrmals erst um drei bis vier Uhr zurück, nachdem wir auf irgendeinem Dorfe etwas gegessen hatten. Auf einer dieser Wanderungen gab Beethoven mir den ersten auffallenden Beweis der Abnahme seines Gehörs, von der mir schon Stephan von Breuning gesprochen hatte. Ich machte ihn nämlich auf einen Hirten aufmerksam, der auf einer Flöte, aus Fliederholz geschnitten, im Walde recht artig blies. Beethoven konnte eine halbe Stunde hindurch gar nichts hören und wurde, obschon ich ihm wiederholt versicherte, auch ich höre nichts mehr (was indes nicht der Fall war), außerordentlich still und finster. — Wenn er ja mitunter einmal lustig erschien, so war er es meistens bis zur Ausgelassenheit, doch geschah dieses nur selten.

Bei einem ähnlichen Spaziergange, auf dem wir uns so verirrten, daß wir erst um acht Uhr nach Döbling, wo Beethoven wohnte, zurückkamen, hatte er den ganzen Weg über für sich gebrummt oder teilweise geheult, immer herauf und herunter, ohne bestimmte Noten zu singen. Auf meine Frage, was es sei, sagte er: „Da ist mir ein Thema zum letzten Allegro der Sonate eingefallen" (in F-Moll, Opus 57). Als wir ins Zimmer traten, lief er, ohne den Hut abzunehmen, ans Klavier. Ich setzte mich in eine Ecke und er hatte mich bald vergessen. Nun tobte er wenigstens eine Stunde lang über das neue, so schön dastehende Finale in dieser Sonate. Endlich stand er auf, war erstaunt, mich noch zu sehen, und sagte: „Heute kann ich Ihnen keine Lektion geben, ich muß noch arbeiten."

Unter den Klavierspielern lobte er mir einen als ausgezeichneten Spieler: John Cramer. Alle andern galten ihm wenig. Er spielte seine eigenen Sachen sehr ungern.
Einst machte er ernstlich den Plan zu einer gemeinschaftlichen großen Reise, wo ich alle Konzerte einrichten und seine Klavierkonzerte sowohl als andere Kompositionen spielen sollte. Er selbst wollte dirigieren und nur phantasieren. Letzteres war freilich das Außerordentlichste, was man hören konnte, besonders wenn er gut gelaunt oder gereizt war. Alle Künstler, die ich je phantasieren hörte, erreichten bei weitem nicht die Höhe, auf welcher Beethoven in diesem Zweige der Ausübung stand. Der Reichtum der Ideen, die sich ihm aufdrangen, die Launen, denen er sich hingab, die Verschiedenheit der Behand-

lung, die Schwierigkeiten, die sich darboten oder von ihm herbeigeführt wurden, waren unerschöpflich.

Einst, als wir nach beendigter Lektion über Themas zu Fugen sprachen, ich am Klavier und er neben mir saß und ich das erste Fugenthema aus Grauns „Tod Jesu" spielte, fing er an, mit der linken Hand es nachzuspielen, brachte dann die rechte dazu und arbeitete es nun ohne die mindeste Unterbrechung wohl eine halbe Stunde durch. Noch kann ich nicht begreifen, wie er es so lange in dieser höchst unbequemen Stellung hat aushalten können. Seine Begeisterung machte ihn für äußere Eindrücke unempfindlich.

Als Clementi nach Wien kam, wollte Beethoven gleich zu ihm gehen; allein sein Bruder setzte ihm in den Kopf, Clementi müsse ihm den ersten Besuch machen. Clementi, obschon viel älter, würde dieses wahrscheinlich auch getan haben, wären darüber keine Schwätzereien entstanden. So kam es, daß Clementi lange in Wien war, ohne Beethoven anders als von Ansehen zu kennen. Öfters haben wir im Schwanen an einem Tische zu Mittag gegessen, Clementi mit seinem Schüler Klengel und Beethoven mit mir; alle kannten sich, aber keiner sprach mit dem andern oder grüßte nur. Die beiden Schüler mußten dem Meister nachahmen, weil wahrscheinlich jedem der Verlust der Lektionen drohte, den ich wenigstens bestimmt erlitten haben würde, indem bei Beethoven nie ein Mittelweg möglich war.

In der Sonate (in C-Dur, Opus 53), die seinem ersten Gönner, dem Grafen von Waldstein, gewidmet ist, war anfänglich ein großes Andante. Ein Freund Beethovens äußerte ihm, die Sonate sei zu lang, worauf dieser von ihm fürchterlich hergenommen wurde. Allein ruhigere Überlegung überzeugte meinen Lehrer bald von der Richtigkeit der Bemerkung. Er gab nun das große Andante in F-Dur, ³/₈ Takt, allein heraus und komponierte die interessante Introduktion zum Rondo, die sich jetzt darin findet, später hinzu.

Dieses Andante hat aber eine traurige Rückerinnerung in mir zurückgelassen. Als Beethoven es unserm Freunde Krumpholz und mir zum ersten Male vorspielte, gefiel es uns aufs höchste und wir quälten ihn so lange, bis er es wiederholte. Beim Rückwege am Hause des Fürsten Lichnowsky vorbeikommend, ging ich hinein, um ihm von der neuen herrlichen Komposition Beethovens zu erzählen, und wurde nun gezwungen, das Stück, so gut ich mich dessen erinnern konnte, vorzuspielen. Da mir immer mehr einfiel, so nötigte mich der Fürst, es nochmals zu wiederholen. So geschah es, daß auch dieser einen Teil desselben lernte.
Um Beethoven eine Überraschung zu machen, ging der Fürst des anderen Tages zu ihm und sagte, auch er habe etwas komponiert, welches gar nicht schlecht sei. Der bestimmten Erklärung Beethovens, er wolle es nicht hören, ungeachtet setzte sich der Fürst hin und spielte zu des Komponisten Erstaunen einen guten Teil des Andante.
Beethoven wurde hierüber sehr aufgebracht und diese Veranlassung war schuld, daß ich Beethoven nie mehr spielen hörte. Denn er wollte nie mehr in meiner Gegenwart spielen und begehrte mehrmals, daß ich bei seinem Spiele das Zimmer verlassen sollte. Eines Tages, wo eine kleine Gesellschaft nach dem Konzerte im Augarten (morgens um acht Uhr) mit dem Fürsten frühstückte, worunter auch Beethoven und ich waren, wurde vorgeschlagen, nach Beethovens Haus zu fahren, um seine dazumal noch nicht aufgeführte Oper „Leonore" zu hören.

Dort angekommen, verlangte Beethoven auch, ich sollte weggehen, und da die dringendsten Bitten aller Anwesenden fruchtlos blieben, tat ich es mit Tränen in den Augen. Die ganze Gesellschaft bemerkte es. Fürst Lichnowsky, mir nachgehend, verlangte, ich möchte im Vorzimmer warten, weil er selbst die Veranlassung dazu gegeben habe und nun die Sache ausgeglichen haben wollte. Mein gekränktes Ehrgefühl ließ dies jedoch nicht zu. Ich hörte nachher, Lichnowsky wäre gegen Beethoven wegen seines Betragens sehr heftig geworden, da doch nur Liebe zu seinen Werken schuld an dem ganzen Vorfalle und folglich auch an seinem Zorne sei. Diese Vorstellungen führten jedoch nur dahin, daß er nun auch der Gesellschaft nicht mehr spielte.

Von seinen Violinquartetten, Opus 18, hat er das dritte in D-Dur von allen Quartetten zuerst komponiert; das jetzt voranstehende in F-Dur war ursprünglich das dritte.

Nun noch eine Notiz über „Fidelio" oder richtiger über „Leonore".
Herr Röckel (gegenwärtig in London), 1807 Tenorist am Wiener Theater und mit Beethoven in freundschaftlichem Verhältnisse, wie z. B. aus dem Geschenke eines englischen Lexikons hervorgeht, wovon ein mir vorliegendes Billett spricht, erzählte mir im Frühling 1837 daselbst folgende Anekdote. Im Jahre 1807 sollte Beethovens Oper „Leonore" wieder auf die Bühne gebracht werden, die bekanntlich im Jahre 1805 durchgefallen war. Die Haupturfache dieses Mißlingens war, daß sie zuerst aufgeführt wurde, als die Franzosen und zwar erst seit kurzem Wien besetzt hatten. Damals waren alle Musikliebhaber und reicheren Leute, welche nur immer konnten, entflohen, so daß meistens nur französische

Offiziere im Theater sich einfanden. Dann war der Text wie auch die Musik an vielen Stellen außerordentlich gedehnt und zwar so, daß die Handlung nur einen sehr schleppenden Fortgang nahm. Beethovens Freunde hatten also beschlossen, die Oper zu verkürzen, zu welchem Zwecke eine Zusammenkunft beim Fürsten Lichnowsky diente. Es bestand diese aus dem Fürsten, der Fürstin (die das Klavier übernahm und bekanntlich eine ausgezeichnete Spielerin war), dem Hofrate von Collin, dem Stephan von Breuning, welche beiden letztern sich über die Abkürzungen schon besprochen hatten — dann dem Herrn Meyer, erstem Bassisten, Herrn Röckel und Beethoven. Anfänglich verteidigte dieser jeden Takt; als man sich aber allgemein dahin aussprach, daß ganze Stücke ausbleiben müßten, und Herr Meyer erklärte, kein Sänger könne die Arie des Pizarro mit Effekt singen, wurde Beethoven grob und aufgebracht. Endlich versprach er, eine neue Arie für den Pizarro zu komponieren (es war jene, welche jetzt Nr. 7 im „Fidelio" steht), und der Fürst brachte ihn zuletzt dahin, daß er zugab, diese Sachen sollten (aber nur versuchsweise) bei der ersten Aufführung wegbleiben; man könne sie, hieß es, ja immer wieder einlegen oder anders benutzen; so wie die Sache jetzt stehe, sei doch einmal der Effekt verfehlt. Nach langem Unterreden gab Beethoven nach — und die gestrichenen Stücke sind nie wieder aufgeführt worden.

Diese Sitzung dauerte von sieben Uhr abends bis zwei Uhr, wo ein fröhliches Mahl die Sache beschloß.

Unter den weggelassenen Stücken war ein Duett $9/8$ für zwei Soprane und, wie ich glaube, noch eine Arie, ein Terzett $3/4$. Beide erstern Stücke besitzt oder besaß Herr Dunst in Frankfurt. Das Duett ist mit einer obligaten Violine und wurde hier in Frankfurt in dem Konzerte für Beethovens Denkmal aufgeführt. So leicht es erscheint, so schwierig und anstrengend ist es. Ob bei der Umarbeitung noch mehr ausfiel, ist mir nicht bekannt.

Bei dieser Gelegenheit erhielt Röckel die Rolle des Florestan. Die Arie Florestans Nr. 11 (Anfang des zweiten Aktes) hatte bei der ersten Bearbeitung mit dem Adagio im ³/₄ Takt aufgehört. Das Allegro in F-Dur wurde von Beethoven erst später für einen Tenoristen, der sonst nicht auftreten wollte, hinzugefügt. Bei der ersten Bearbeitung hatte Florestan am Ende vier ganze Takte Adagio das hohe F auszuhalten, wobei die Instrumente sich langsam verloren. Dies konnte jener Tenorist nicht und so ist wahrscheinlich bei der Umarbeitung der Teil des Adagios, der wieder in den Grundton F-Dur oder F-Moll fällt, weggeblieben, indem es jetzt aus As-Dur ³/₄ Adagio geradezu in Allegro ³/₄ F-Dur fällt. So erzählte mir Herr Röckel die Sache, der auch die Singpartie in Beethovens eigener Handschrift noch zu besitzen versicherte.

Ich erinnere mich nur zweier Fälle, wo Beethoven mir einige Noten sagte, die ich seiner Komposition zusetzen sollte, einmal im Rondo der Sonate pathétique (Opus 13) und dann im Thema des Rondos seines ersten Konzertes in C-Dur, wo er mir mehrere Doppelgriffe angab, um es brillanter zu machen.

Überhaupt trug er letzteres Rondo mit einem ganz eigenen Ausdrucke vor. Im allgemeinen spielte er selbst seine Kompositionen sehr launig, blieb jedoch meistens fest im Takte und trieb nur zuweilen, jedoch selten das Tempo etwas. Mitunter hielt er in seinem crescendo mit ritardando das Tempo zurück, welches einen sehr schönen und höchst auffallenden Effekt machte.

Beim Spielen gab er bald in der rechten, bald in der linken Hand irgendeiner Stelle einen schönen, schlechterdings unnachahmbaren Ausdruck; allein äußerst selten setzte er Noten oder eine Verzierung zu.

Eine künstlerisch sehr auffallende Sache trug sich zu mit einer seiner letzten Solosonaten (in B-Dur mit der großen Fuge, Opus 106), die gestochen 41 Seiten lang ist. Beethoven hatte mir diese nach London zum Verkaufe geschickt, damit sie dort zu gleicher Zeit wie in Deutschland herauskommen sollte. Als der Stich derselben beendigt war und ich täglich auf einen Brief wartete, der den Tag der Herausgabe bestimmen sollte, erhielt ich zwar diesen, allein mit der auffallenden Weisung: „Setzen Sie zu Anfang des Adagio (welches neun bis zehn Seiten im Stiche ist) noch diese zwei Noten als ersten Takt dazu."
Ich gestehe, daß sich mir unwillkürlich die Idee aufdrang: „Sollte es wirklich bei meinem lieben alten Lehrer etwas spuken?", ein Gerücht, welches mehrmals verbreitet war. Zwei Noten zu einem so großen, durch und durch gearbeiteten, schon ein halbes Jahr vollendeten Werke nachzuschicken! Allein wie stieg mein Erstaunen bei der Wirkung dieser zwei Noten. Nie können ähnlich effektvolle, gewichtige Noten einem schon vollendeten Stücke zugesetzt werden, selbst dann nicht, wenn man es beim Anfange der Komposition schon beabsichtigte. Ich rate jedem Kunstliebenden, den Anfang dieses Adagios zuerst ohne und nachher mit diesen zwei Noten, welche nunmehr den ersten Takt bilden, zu versuchen, und es ist kein Zweifel, daß er meine Ansicht teilen wird.

Beethoven hatte die Partitur der „Schlacht von Vittoria" an den König von England, Georg IV., durch die Österreichische Gesandtschaft geschickt und das Werk diesem gewidmet; da er jedoch sehr lange nichts davon hörte, außer daß sie zur Aufführung in den Oratorien, bei den Festen der Direktoren des Drury-Lane-Theaters in London gegeben sei und mit sehr großem Beifalle jeden Abend aufgeführt würde, erhielt ich auf einmal als Einschlag einen eigenhändigen, jedoch in einem besonderen Kuvert versiegelten Brief von Beethoven an den König mit dem Auftrage, ihn persönlich zu übergeben. Da solches, besonders bei diesem König, unmöglich war, indem nur die höchsten Personen und auch diese nur mit Auswahl zu ihm gelassen wurden, überdies der Brief schon durch den Anblick schreckte, da Beethoven selbst ihn gemacht und seiner Ansicht nach schön geschrieben hatte, so wendete ich mich an Herrn von Bauer, Sekretär bei der Österreichischen Gesandtschaft. Dieser erwiderte mir, unmöglich könne der Gesandte den Brief in seiner Stellung dem König übergeben; er wolle jedoch suchen, ihn durch einen Privaten in des Königs Hände zu bringen. Aber auch dieser Versuch war fruchtlos. Endlich gelang es mir, die Überreichung durch einen Pagen, der Beethovens Kompositionen sehr liebte, zu bewirken. Was der Brief enthielt, weiß ich nicht, aber mit voller Überzeugung versichere ich, daß nie ein Geschenk, ja nie ein Wort des Dankes an den armen Beethoven gelangte. Hierüber beklagte er sich sehr und dieses hat ihn wohl auch zu dem launigen Ausdrucke in einem seiner Briefe an mich veranlaßt: „Der König hätte mir doch wenigstens ein Schlachtmesser oder eine Schildkröte verehren können." Wahrscheinlich war auch Beethoven bekannt geworden, daß der König viele und leckere Speisen liebte; daher diese Anspielung.

Beethoven hatte fast gar nicht gereiset. In seinen jüngeren Jahren, gegen Ende des Jahrhunderts war er einmal in Preßburg und Pest und einmal in Berlin. Obschon er in seinem Betragen gar keinen Unterschied zwischen den höchsten und hohen Perſonen und jenen niedrigern Standes machte, ſo war er doch für die Artigkeiten der erſteren nicht unempfindlich. In Berlin ſpielte er einigemal bei Hofe (beim Könige Friedrich Wilhelm II.), wo er auch die zwei Sonaten mit obligatem Violoncello, Opus 5, für Duport (erſten Violoncelliſten des Königs) und für ſich komponierte und ſpielte. Beim Abſchiede erhielt er eine goldene Doſe mit Louisdors gefüllt. Beethoven erzählte mit Selbſtgefühl, daß es keine gewöhnliche Doſe geweſen ſei, ſondern eine der Art, wie ſie den Geſandten wohl gegeben werde.

Er ging in Berlin viel mit Himmel um, von dem er ſagte, er beſitze ein ganz artiges Talent, weiter aber nichts; ſein Klavierſpielen ſei elegant und angenehm, allein mit dem Prinzen Louis Ferdinand ſei er gar nicht zu vergleichen. Letzterem machte er in ſeiner Meinung ein großes Kompliment, als er ihm einſt ſagte, er ſpiele gar nicht königlich oder prinzlich, ſondern wie ein tüchtiger Klavierſpieler. Mit Himmel hatte er ſich folgender Urſache wegen überworfen. Als ſie eines Tages zuſammen waren, begehrte Himmel, Beethoven möge etwas phantaſieren, welches Beethoven auch tat. Nachher beſtand Beethoven darauf, auch Himmel ſolle ein gleiches tun. Dieſer war ſchwach genug, ſich hierauf einzulaſſen. Aber nachdem er ſchon eine ziemliche Zeit geſpielt hatte, ſagte Beethoven: „Nun, wann fangen Sie denn einmal ordentlich an?"
Himmel hatte wunders geglaubt, wieviel er ſchon geleiſtet, er ſprang alſo auf und beide wurden gegenſeitig unartig.
Beethoven ſagte mir: „Ich glaubte, Himmel habe nur ſo ein bißchen präludiert." Sie haben ſich zwar nachher ausgeſöhnt, allein Himmel konnte verzeihen, doch nie vergeſſen. Sie waren auch noch einige Zeit in Briefwechſel, bis Himmel gegen

Beethoven einen bösen Streich spielte. Letzterer wollte immer Neues von Berlin wissen; dieses langweilte Himmel, der ihm endlich einmal schrieb, die größte Neuigkeit sei die Erfindung einer Laterne für Blinde. Beethoven lief mit dieser Neuigkeit umher: alle Welt wollte wissen, wie dies denn eigentlich nur sein könne. Er schrieb deshalb sogleich an Himmel, es sei ungeschickt von ihm, daß er hierüber keine weitere Erklärung geschrieben habe.
Durch die erhaltene, aber nicht mitteilbare Antwort wurde nicht nur alle Korrespondenz für immer beendigt, sondern alles Lächerliche, das darin lag, fiel auf Beethoven zurück, da dieser unbesonnen genug war, sie hier und da sehen zu lassen.

Als Prinz Louis Ferdinand in Wien war, gab eine alte Gräfin … eine kleine musikalische Abendunterhaltung, zu der natürlich auch Beethoven eingeladen wurde. Als man zum Nachtessen ging, waren an dem Tische des Prinzen nur für hohe Adelige Gedecke bestimmt, also für Beethoven nicht. Er fuhr auf, sagte einige Derbheiten, nahm seinen Hut und ging.
Einige Tage später gab Prinz Louis ein Mittagessen, wozu ein Teil dieser Gesellschaft, auch die alte Gräfin geladen war. Als man sich zu Tische setzte, wurde die Gräfin auf die eine, Beethoven auf die andere Seite des Prinzen gewiesen, eine Auszeichnung, deren er immer mit Vergnügen erwähnte.

Etikette und was dazu gehörte hatte Beethoven nie gekannt und wollte sie auch nie kennen. So brachte er durch sein Betragen die Umgebung des Erzherzogs Rudolf, als Beethoven anfänglich zu diesem kam, gar oft in große Verlegenheit. Man wollte ihn nun mit Gewalt belehren, welche Rücksichten er zu beobachten habe. Dieses war ihm jedoch unerträglich. Er versprach zwar, sich zu bessern, aber – dabei bliebs. Endlich drängte er sich eines Tages, als man ihn, wie er es nannte, wieder hofmeisterte, höchst ärgerlich zum Erzherzoge, erklärte gradeheraus, er habe gewiß alle mögliche Ehrfurcht für seine Person, allein die strenge Beobachtung aller Vorschriften, die man ihm täglich gäbe, sei nicht seine Sache. Der Erzherzog lachte gutmütig über den Vorfall und befahl, man solle Beethoven nur seinen Weg ungestört gehen lassen; er sei nun einmal so.

Beethoven brauchte viel Geld, obschon er wenig Gutes oder Ordentliches dafür genoß; denn er lebte sehr einfach. Als er „Leonore" komponierte, hatte er für ein Jahr freie Wohnung im Wiedner Theater; da diese aber nach dem Hofe zu lag, so behagte sie ihm nicht. Er mietete sich also zu gleicher Zeit ein Logis im roten Haus an der Alsterkaserne, wo auch Stephan von Breuning wohnte. Als der Sommer kam, nahm er eine Wohnung in Döbling auf dem Lande und infolge eines Streites mit Stephan von Breuning (worauf sich Beethovens Brief an mich vom 24. Juli 1804 über Breunings Betragen mit dem Hausmeister, den Breuning als Zeugen für seine Angabe vorführte, bezieht) trug er mir auf, ein Logis auf der Bastei zu suchen. Ich wählte nun auf der Mölkerbastei im Pasqualatischen Hause eine Wohnung im vierten Stocke, wo eine sehr schöne Aussicht war, und so hatte Beethoven vier Wohnungen zugleich.

Er zog aus letzterer mehrmals aus, kam aber immer wieder dahin zurück, so daß, wie ich später hörte, der Baron Pasqualati gutmütig genug, wenn Beethoven auszog, sagte: „Das Logis wird nicht vermietet; Beethoven kömmt schon wieder."

Beethoven legte gar keinen Wert auf seine eigenhändig geschriebenen Sachen: sie lagen meistens, wenn sie einmal gestochen waren, im Nebenzimmer oder mitten im Zimmer mit anderen Musikstücken auf dem Boden. Ich habe seine Musik oft in Ordnung gebracht; allein wenn Beethoven etwas suchte, so flog wieder alles durcheinander. Ich hätte dazumal sämtliche Kompositionen, die schon gestochen waren, in der Originalhandschrift wegnehmen können; auch würde er sie mir, wenn ich ihn darum gebeten hätte, wohl selbst unbedenklich gegeben haben.

Beethoven hatte mir sein schönes Konzert in C-Moll (Opus 37) noch als Manuskript gegeben, um damit zum ersten Male öffentlich als sein Schüler aufzutreten; auch bin ich der einzige, der zu Beethovens Lebzeiten je als solcher auftrat.
Außer mir erkannte er nur noch den Erzherzog Rudolf als Schüler an. Beethoven selbst dirigierte und drehte nur um und vielleicht wurde nie ein Konzert schöner begleitet. Wir hielten zwei große Proben. Ich hatte Beethoven gebeten, mir eine Kadenz zu komponieren, welches er abschlug und mich anwies, selbst eine zu machen, er wolle sie korrigieren. Beethoven war mit meiner Komposition sehr zufrieden und änderte wenig; nur war eine äußerst brillante und sehr schwierige Passage darin, die ihm zwar gefiel, zugleich aber zu gewagt schien, weshalb er mir auftrug, eine andere zu setzen. Acht Tage vor der Aufführung wollte er die Kadenz wieder hören. Ich spielte sie und verfehlte die Passage; er hieß mich noch einmal und zwar etwas unwillig, sie ändern. Ich tat es, allein die neue befriedigte mich nicht; ich studierte also die andere auch tüchtig, ohne ihrer jedoch ganz sicher werden zu können. — Bei der Kadenz im öffentlichen Konzerte setzte sich Beethoven ruhig hin. Ich konnte es nicht über mich gewinnen, die leichtere zu wählen; als ich nun die schwerere

leck anfing, machte Beethoven einen gewaltigen Ruck mit dem Stuhle; sie gelang indessen ganz und Beethoven war so erfreut, daß er laut Bravo! schrie. Dies elektrisierte das ganze Publikum und gab mir gleich eine Stellung unter den Künstlern. Nachher, als er mir seine Zufriedenheit darüber äußerte, sagte er zugleich: „Eigensinnig sind Sie aber doch! – Hätten Sie die Passage verfehlt, so würde ich Ihnen nie eine Lektion mehr gegeben haben."

Beethoven kam eines Tages zu mir, brachte sein viertes Konzert in G-Dur (Opus 58) gleich unter dem Arme mit und sagte: „Nächsten Sonnabend müssen Sie dieses im Kärntnertortheater spielen." Es blieben nur fünf Tage Zeit zum Einüben. Zum Unglück bemerkte ich ihm, daß diese Zeit zu kurz sei, um es schön spielen zu lernen; er möchte mir lieber erlauben, das C-Moll-Konzert vorzutragen. Darüber wurde Beethoven aufgebracht, drehte sich um und ging gleich zum jungen Stein, den er sonst wenig leiden konnte. Dieser war auch Klavierspieler und zwar ein älterer als ich. Stein war klug genug, den Vorschlag gleich anzunehmen. Da er aber auch mit dem Konzerte nicht fertig werden konnte, so kam er den Tag vor der Aufführung zu Beethoven und begehrte, wie ich es getan hatte, das andere aus C-Moll zu spielen. Beethoven mußte wohl nachgeben und willigte also ein.
Allein lag nun die Schuld am Theater, am Orchester oder am Spieler selbst, genug es machte keine Wirkung. Beethoven war sehr ärgerlich, besonders da man ihn von mehreren Seiten fragte: „Warum ließen Sie es nicht von Ries spielen, da dieser doch so viel Effekt damit hervorgebracht hat?" Es machten mir diese Äußerungen die höchste Freude. Später sagte mir Beethoven: „Ich glaubte, Sie wollten das G-Dur-Konzert nicht gern spielen."

Die Klavierstimme des C-Moll-Konzerts hat nie vollständig in der Partitur gestanden; Beethoven hat sie eigens für mich in einzelnen Blättern niedergeschrieben.

In dem Empfehlungsbriefe meines Vaters an Beethoven war mir zu gleicher Zeit ein kleiner Kredit bei ihm eröffnet, im Falle ich dessen bedürfte. Ich habe nie bei Beethoven Gebrauch davon gemacht; als er aber einigemal gewahr wurde, daß es mir knapp ging, hat er mir unaufgefordert Geld geschickt, das er jedoch niemals zurücknehmen wollte. Er hatte mich wirklich lieb und gab mir davon einmal einen sehr komischen Beweis in seiner Zerstreuung. Als ich nämlich aus Schlesien zurückkam, wo ich auf Beethovens Empfehlung längere Zeit auf den Gütern des Fürsten Lichnowsky als Klavierspieler mich aufgehalten hatte, und in sein Zimmer trat, wollte er sich eben rasieren und war bis an die Augen (denn so weit ging sein erschrecklich starker Bart) eingeseift. Er sprang auf, umarmte mich herzlich und siehe da, er hatte die Schaumseife von seiner linken Wange auf meine rechte so vollständig übertragen, daß er auch nichts daran zurückbehielt. Ob wir lachten? Auch mußte Beethoven wohl Privatnotizen von daher über mich haben; denn er kannte mehrere meiner jugendlichen Unbesonnenheiten, mit denen er mich jedoch nur neckte. Bei vielen Veranlassungen bewies er mir eine wahrhaft väterliche Teilnahme. Aus dieser Quelle entsprang auch die einst (1802) im Unmute über eine unangenehme Verwickelung, in welche Karl Beethoven mich gebracht hatte, mir brieflich gegebene Weisung: „Nach Heiligenstadt brauchen Sie nicht zu kommen, indem ich keine Zeit zu verlieren habe." Graf Browne schwelgte nämlich um diese Zeit in Vergnügungen, wovon ich, da dieser Herr mir sehr wohlwollte, viel mitmachte und meine Studien dabei vernachlässigte.

Beethoven sah Frauenzimmer sehr gerne, besonders schöne, jugendliche Gesichter, und gewöhnlich, wenn wir an einem etwas reizenden Mädchen vorbeigingen, drehte er sich um, sah es mit seinem Glase nochmals scharf an und lachte oder grinste, wenn er sich von mir bemerkt fand. Er war sehr häufig verliebt, aber meistens nur auf kurze Dauer. Da ich ihn einmal mit der Eroberung einer schönen Dame neckte, gestand er, die habe ihn am stärksten und längsten gefesselt – nämlich sieben volle Monate. –

Eines Abends kam ich zu ihm nach Baden, um meine Lektionen fortzusetzen. Dort fand ich eine schöne, junge Dame bei ihm auf dem Sofa sitzen. Da es mir schien, als käme ich ungelegen, so wollte ich gleich mich entfernen, allein Beethoven hielt mich zurück und sagte:

„Spielen Sie nur einstweilen!"

Er und die Dame blieben hinter mir sitzen. Ich hatte schon sehr lange gespielt, als Beethoven auf einmal rief:

„Ries! spielen Sie etwas Verliebtes!" Kurz nachher: „Etwas Melancholisches!" Dann: „Etwas Leidenschaftliches!" usw. – –

Aus dem, was ich hörte, konnte ich schließen, daß er wohl die Dame in etwas beleidigt haben müsse und es nun durch Launen gutmachen wolle. Endlich sprang er auf und schrie: „Das sind ja lauter Sachen von mir!" Ich hatte nämlich immer Sätze aus seinen eigenen Werken, nur durch einige kurze Übergänge aneinandergereiht, vorgetragen, was ihm aber Freude gemacht zu haben schien. Die Dame ging alsbald fort und Beethoven wußte zu meinem großen Erstaunen nicht, wer sie war. Ich hörte nun, daß sie kurz vor mir hereingekommen sei, um Beethoven kennen zu lernen. Wir folgten ihr bald nach, um ihre Wohnung und dadurch später ihren Stand zu erforschen. Von weitem sahen wir sie noch (es war mondhell), allein plötzlich war sie verschwunden. Wir spazierten nachher unter mannigfaltigen Gesprächen wohl noch anderthalb Stunden in dem angrenzenden schönen Tal. Beim Weggehen sagte Beethoven jedoch: „Ich muß herausfinden, wer sie ist, und Sie müssen helfen." Lange Zeit nachher begegnete ich ihr in Wien und entdeckte nun, daß es die Geliebte eines ausländischen Prinzen war. Ich teilte meine Nachricht Beethoven mit, habe aber nie, weder von ihm noch von sonst jemand etwas Weiteres über sie gehört.

Beethoven besuchte mich nie öfter, als da ich in dem Hause eines Schneiders wohnte, wo drei sehr schöne, aber durchaus unbescholtene Töchter waren. Hierauf bezieht sich auch der Schluß des Briefes vom 24. Juli 1804, wo es heißt: „Schneidern Sie nicht zuviel, empfehlen Sie mich der Schönsten der Schönen, schicken Sie mir ein halbes Dutzend Nähnadeln!"

Beethoven hat in Wien noch Unterricht auf der Violine bei Krumpholz genommen und im Anfang, als ich da war, haben wir noch manchmal seine Sonaten mit Violine zusammen gespielt. Das war aber wirklich eine schreckliche Musik; denn in seinem begeisterten Eifer hörte er nicht, wenn er eine Passage falsch in die Applikatur einsetzte.

Beethoven war in seinem Benehmen sehr linkisch und unbeholfen; seinen ungeschickten Bewegungen fehlte alle Anmut. Er nahm selten etwas in die Hand, das nicht fiel oder zerbrach. So warf er mehrmals sein Tintenfaß in das neben dem Schreibpult stehende Klavier. Kein Möbel war bei ihm sicher, am wenigsten ein kostbares; alles wurde umgeworfen, beschmutzt und zerstört. Wie er es so weit brachte, sich selbst rasieren zu können, bleibt schwer zu begreifen, wenn man auch die häufigen Schnitte auf seinen Wangen dabei nicht in Betracht zog. – Nach dem Takte tanzen konnte er nie lernen.

Beethovens Violinquintett (Opus 29) in C-Dur war an einen Verleger nach Leipzig verkauft worden, wurde aber in Wien gestohlen und erschien plötzlich bei Artaria & Co. Da es in einer Nacht abgeschrieben worden war, so fanden sich unzählige Fehler darin; es fehlten sogar ganze Takte. Beethoven benahm sich hierbei auf eine feine Art, von der man nach einem zweiten Beispiel sich vergebens umsieht. Er begehrte nämlich, Artaria sollte die fünfzig bereits gedruckten Exemplare mir nach Haus zum Verbessern schicken, gab mir aber zugleich den Auftrag, so grob mit Tinte auf das schlechte Papier zu korrigieren und mehrere Linien so zu durchstreichen, daß es unmöglich sei, ein Exemplar zu gebrauchen oder zu verkaufen. Dieses Durchstreichen betraf vorzüglich das Scherzo. Seinen Auftrag befolgte ich treu und Artaria mußte, um einem Prozesse vorzubeugen, die Platten einschmelzen.

Beethoven war in vielen Sachen sehr vergeßlich. Einst hatte er für die Dedikation der Variationen in A-Dur Nr. 5 über ein russisches Lied vom Grafen Browne ein schönes Reitpferd zum Geschenk erhalten; er ritt es einigemal, vergaß es aber bald darauf und, was schlimmer war, auch dessen Futter. Sein Bedienter, der dieses gar bald merkte, fing an, das Pferd für Geld zu seinem eigenen Vorteile auszuleihen, und übergab, um Beethoven nicht aufmerksam zu machen, lange keine Futterrechnung. Endlich aber ward zu Beethovens größtem Erstaunen eine gar große eingereicht, welche ihm plötzlich sein Pferd und zugleich seine Nachlässigkeit ins Gedächtnis zurückrief.

Bei der kurzen Beschießung Wiens durch die Franzosen im Jahre 1809 war Beethoven sehr ängstlich: er brachte die meiste Zeit in einem Keller bei seinem Bruder Kaspar zu, wo er noch den Kopf mit Kissen bedeckte, um ja nicht die Kanonen zu hören.

Beethoven war manchmal äußerst heftig. Eines Tages aßen wir im Gasthaus zum Schwanen zu Mittag; der Kellner brachte ihm eine unrechte Schüssel. Kaum hatte Beethoven darüber einige Worte gesagt, die der Kellner eben nicht bescheiden erwiderte, als er die Schüssel (es war ein sogenanntes Lungenbratel mit reichlicher Brühe) ergriff und sie dem Kellner an den Kopf warf. Der arme Mensch hatte noch eine große Zahl Portionen verschiedener Speisen auf seinem Arm (eine Geschicklichkeit, welche die Wiener Kellner in einem hohen Grade besitzen) und konnte sich daher nicht helfen; die Brühe lief ihm das Gesicht herunter. Er und Beethoven schrien und schimpften, während alle anderen Gäste laut auflachten. Endlich brach auch Beethoven beim Anblick des Kellners los, da dieser die über das Gesicht triefende Sauce mit der Zunge aufleckte, schimpfen wollte, doch lecken mußte und dabei die lächerlichsten Gesichter schnitt. Ein eines Hogarth würdiges Bild.

Beethoven kannte beinahe das Geld nicht, wodurch öfters unangenehme Auftritte entstanden, weil er, überhaupt mißtrauisch, häufig sich betrogen glaubte, wo es nicht der Fall war. Schnell aufgeregt nannte er die Leute geradezu Betrüger, welches bei den Kellnern oft durch ein Trinkgeld gutgemacht werden mußte. Endlich kannte man in den von ihm am meisten besuchten Gasthäusern seine Sonderbarkeiten und Zerstreuungen so, daß man ihm alles hingehen ließ, sogar wenn er ohne Bezahlung sich entfernte.

Beethoven erinnerte sich seiner frühern Jugend und seiner Bonner Freunde mit vieler Freude, obschon es im Grunde bedrängte Zeiten für ihn gewesen waren. Von seiner Mutter besonders sprach er mit Liebe und Gemütlichkeit, nannte sie öfters eine brave, eine herzensgute Frau. – Von seinem Vater, der am meisten am häuslichen Unglücke schuld war, sprach er wenig und ungern, allein ein hartes Wort, das ein Dritter über ihn fallen ließ, brachte ihn auf. Überhaupt war er ein herzensguter Mensch, dem nur seine Laune und seine Heftigkeit gegen andere oft böse Streiche spielten. Er würde jedem, welche Beleidigung oder welches Unrecht er von ihm auch immer erfahren, auf der Stelle vergeben haben, hätte er ihn im Unglücke angetroffen.

Beethoven hielt eine sonderbare Idee fest von regelmäßigen Geschäften. So hatte er mir aufgetragen, seine Solosonaten (Opus 110–111) und dreiunddreißig Variationen über einen Walzer (Opus 120), die er mir baldigst zuschicken würde, in London zu verkaufen. Schon war ich mit Herrn Clementi & Co. über die Sonaten und mit Boosey, Musikverleger, über das Honorar für die Variationen einig, aber die Werke wurden noch immer erwartet. Endlich kamen sie an und mit Überraschung sah ich, daß Beethoven die Variationen mit sehr großen, von seiner Hand auf das Titelblatt gleichsam gemalten Buchstaben meiner Frau gewidmet hatte. Aber diese Dedikation findet sich auch nur auf diesem einzigen, mir noch vorliegenden Exemplar. Denn Beethoven hatte das Abschicken so lange verschoben und seinen Auftrag so ganz vergessen, daß, als ich Boosey die Variationen brachte, wir nicht nur diese und zwar mit der Zueignung an Madame Brentano schon in Wien, sondern auch die Sonate in Paris bereits gestochen fanden! –

Beethoven hatte einige unbedeutende Stücke (Bagatellen, zweite Sammlung), wovon manche besser gar nicht gestochen wären, dazugelegt: ich verkaufte diese auf der Stelle für 25 Guineen, schrieb an Beethoven, wie es mir mit allem gegangen, und erhielt eine Antwort, worin er mir Nachlässigkeit zur Last legte. Über die doppelte Dedikation entschuldigte er sich. Höchst sonderbar machte er es hiebei zu einer ausdrücklichen Bedingung: ich dürfe nie an ein Geschenk oder eine Erkenntlichkeit dafür denken! Eine auffallendere Wendung und einen grelleren Widerspruch hätte man doch nicht leicht finden können!

Über Beethovens Nachlaß an Manuskripten habe ich sehr große Zweifel. Die Œuvres posthumes werde ich dann nur als echt erkennen, wenn ich seine eigene Handschrift oder Beglaubigung sehe.

Meine Gründe sind folgende:

Erstens. Als ich bei ihm war, vom Jahr 1800 bis 1805 im November, und 1809, als ich nach Wien zurückkam, war kein Manuskript vorrätig; denn Beethoven war immer bis an seinen Tod mit bestellten Arbeiten zurück.

Zweitens. Alle Kleinigkeiten und manche Sachen, die er nie herausgeben wollte, weil er sie nicht seines Namens würdig hielt, kamen durch seine Brüder heimlich in die Welt. So wurden Lieder, die er jahrelang vor seiner Abreise nach Wien noch in Bonn komponiert hatte, dann erst bekannt, als er schon auf einer hohen Stufe des Ruhmes stand. So wurden sogar kleine Kompositionen, die er in Stammbücher geschrieben hatte, in dieser Art entwendet und gestochen.

Drittens. Da fast alle Briefe, die ich von ihm in England erhielt, von Geldverlegenheit handeln — warum sollte er mir nicht gleich Manuskripte geschickt haben, hätte er deren gehabt?

Ja, selbst als ich nach vieler Mühe bei der Philharmonischen Gesellschaft in London es dahin gebracht hatte, daß ich drei

Ouvertüren bei ihm für diese bestellen konnte, die ihr Eigentum bleiben sollten, schickte er mir drei, wovon wir bei Beethovens großem Namen und in diesen Konzerten auch nicht eine aufführen konnten, weil alles gespannt war und man von Beethoven nichts Gewöhnliches forderte. Er ließ alle drei einige Jahre nachher stechen und die Gesellschaft fand es nicht der Mühe wert, sich darüber zu beklagen. Die Ouvertüre zu den „Ruinen von Athen" war dabei, die ich seiner unwürdig halte.

Hätte Beethoven etwas Besseres in Manuskripten gehabt, er hätte es sicherlich dieser Gesellschaft geschickt; das leuchtet als gewiß aus allen seinen Briefen hervor. Da er nun auch öfters äußerte, er könne allein von seiner Feder leben, so kann ich mich von der Echtheit der drei Klavierquartette, welche nach seinem Tode bei Artaria herauskamen, schlechterdings nicht überzeugen.

Beethoven konnte sein Riesenwerk, die drei Sonaten (Opus 2), die er Haydn dedizierte und die gleich so großes Aufsehen in der Welt erregten, nicht aus alten Themas zusammengestoppelt haben, ebensowenig aber auch in spätern Jahren diese Themas zu leeren, schlecht geschriebenen Quartetten verbrauchen; denn sein Geist hat ja bis zu seinem Tode unaufhörlich Neues hervorgebracht.

Ohne daß ich einem toten oder lebenden Komponisten zu nahe treten will, muß ich doch bei der Behauptung bleiben: einen Reichtum und eine Mannigfaltigkeit an Ideen und eine Originalität, wie solche in Beethovens Werken angetroffen werden, hat keiner sonst besessen. Obschon mir Beethoven als Freund und Lehrer über alle andern ging und geht, so war ich doch bekanntlich keiner derjenigen, die nur einen, höchstens zwei musikalische Abgötter haben und alles, was nicht von diesen ist, im voraus schon als mittelmäßig, wo nicht als schlecht verurteilen. Eine solche Einseitigkeit war in mir nie und wird niemals mein Fehler werden.

Joseph August Röckel.

Erst auf dem Wege nach dem fürstlichen Palais teilte mir Mayer mit, daß wir Beethoven dort im Kreise seiner nächsten Freunde finden und seine durchgefallene Oper „Leonore" mit den übrigen beteiligten Bühnenmitgliedern nochmals zu einer kritischen Aufführung bringen würden, um den Meister selbst von der Notwendigkeit einer Umarbeitung zu überzeugen. Da Beethoven das Scheitern seiner Oper allein dem früheren Tenoristen schuld gab, so sollte ich, zu dessen Stimme er mehr Vertrauen habe, bei dieser Soloaufführung die Partie des Florestan vom Blatte singen. Dabei hätte ich ebensosehr wie Mayer und die übrigen Mitglieder fortwährend die nötigen Kürzungen und Abänderungen und zuletzt die Verschmelzung der beiden ersten Akte unter inständigen Bitten dem Meister vorzutragen.

Mir graute vor dem Auftrage, die schwierige Partie des Florestan vor dem ebenso schwer zu befriedigenden wie leidenschaftlichen Komponisten vom Blatte zu singen, obgleich ich dieselbe von meinem früheren Lehrer und jetzigen Rivalen oft gehört und teilweise schon bei ihm studiert hatte; mir graute ebensosehr vor den Bühnenränken des gekränkten Tenoristen, dessen Nachfolger ich mit diesem Schritte werden sollte, und ich wäre am liebsten wieder umgekehrt, wenn mich nicht Mayer fest am Arme gehalten und förmlich weitergeschleppt hätte. So traten wir ein in das fürstliche Hotel und stiegen die glänzend erleuchteten Treppen hinan, auf denen uns mehrere Livreebediente mit geleerten Teebrettern entgegenkamen. Mein Begleiter, der die Sitte des Hauses kannte, machte dazu ein höchst verdrießliches Gesicht und murmelte: „Der Tee ist vorüber; ich fürchte, daß Ihr Zögern unsre Magen in eine sehr empfindliche Lage gebracht haben wird."

Wir wurden in den mit kerzenreichen Armleuchtern und schweren seidenen Draperien ausgestatteten Musiksaal geführt, an dessen Wänden farbenprächtige Ölgemälde der größten Meister in ihren breiten, blitzenden Goldrahmen ebenso von dem hohen Kunstsinn wie dem Reichtum der fürstlichen Familie zeugten. Man schien uns schon erwartet zu haben; denn Mayer hatte recht gehabt: der Tee war vorüber und alles war zum Beginn der Musikaufführung bereit. Die Fürstin, eine ältere Dame von gewinnender Freundlichkeit und unbeschreiblicher Milde, aber infolge großer körperlicher Leiden (beide Brüste waren ihr in früherer Zeit abgenommen worden) bleich und schwächlich, saß bereits am Klavier; ihr gegenüber, nachlässig in einem Lehnstuhl, Beethoven, die dicke Pandora-Partitur seiner unglücksreichen Oper auf den Knieen. Zu seiner Rechten sahen wir den Dichter der Tragödie „Coriolan", Hofsekretär Heinrich von Collin, der mit dem intimsten Jugendfreunde des Komponisten, dem Hofrat Breuning aus Bonn, plauderte. Meine Kollegen und Kolleginnen von der Oper, welche die Stimmen schon in der Hand hielten, hatten in einem Halbkreise unweit des Flügels Platz genommen — es war wieder die Milder als Fidelio, Mademoiselle Müller als Marzelline, Weinmüller als Rocco, Caché als Pförtner Jaquino und Steinkopf als Minister. Nachdem ich dem Fürsten und der Fürstin vorgestellt worden war und Beethoven unsre ehrfurchtsvolle Begrüßung entgegengenommen hatte, legte er seine Partitur der Fürstin auf das Notenpult und — die Aufführung begann.

Die beiden ersten Akte, in denen ich nicht mitzuwirken hatte, wurden von der ersten bis zur letzten Note durchgenommen, man sah nach der Uhr und bestürmte Beethoven, einzelne zu lang ausgesponnene Partien von untergeordneter Bedeutung wegfallen zu lassen; – der aber verteidigte jeden Takt und dies zwar mit einer Hoheit und Künstlerwürde, daß ich ihm hätte zu Füßen sinken mögen. Als man aber auf die Hauptsache selbst kam, auf die bedeutenden Kürzungen in der Exposition und die dadurch ermöglichte Verschmelzung der beiden ersten Akte zu einem, geriet er außer sich, schrie in einem fort: „Nicht eine Note!" und wollte mit der Partitur hinwegrennen. Die Fürstin aber legte ihre Hände, wie zum Gebet gefaltet, auf das ihr anvertraute Heiligtum, blickte mit unbeschreiblicher Milde zu dem erzürnten Genius empor und siehe – sein Zorn schmolz an ihren Blicken und resigniert nahm Beethoven seinen Platz wieder ein. Die hohe Frau befahl fortzufahren und präludierte zu meiner großen Arie: „In des Lebens Frühlingstagen." Ich erbat mir daher von Beethoven die Florestanstimme, allein mein unglücklicher Vorgänger hatte sie trotz mehrmaliger Aufforderung nicht herausgegeben und so wurde ich angewiesen, von der Partitur, aus welcher die Fürstin begleitete, am Klavier abzusingen. Ich wußte, daß diese große Arie für Beethoven so viel galt wie die ganze Oper, und so behandelte ich sie auch. Wieder und immer wieder wollte er sie hören; – fast überstieg die Anstrengung meine Kräfte, aber ich sang sie, denn ich fühlte mich zu glücklich, als ich merkte, daß mein Vortrag den großen Meister mit seinem verkannten Werk auszusöhnen vermochte.

Mitternacht war vorüber, als die Aufführung – durch vielfache Wiederholungen verlängert – endlich beendet war. „Und die Umarbeitung, die Kürzung?" frug die Fürstin den Meister mit einem flehenden Blicke.

„Verlangen Sie das nicht!" antwortete dieser düster, „nicht eine Note darf fehlen!"

„Beethoven!" rief sie mit einem tiefen Seufzer, „so soll Ihr großes Werk verkannt und geschmäht bleiben?"

„Es ist belohnt genug durch Ihren Beifall, gnädigste Fürstin!" sprach der Meister und seine Hand glitt leise zitternd aus der ihrigen.

Plötzlich aber war es, als ob die zarte Frau ein stärkerer, mächtigerer Geist erfaßte; halb knieend und ihn mit ihren Armen umfangend, rief sie ihm begeistert zu: „Beethoven! Nein – so darf Ihr größtes Werk, so dürfen Sie selbst nicht untergehen! Das will Gott nicht, der die Klänge reinster Schönheit in Ihre Seele gelegt – das will der Geist Ihrer Mutter nicht, der in diesem Augenblick durch mich mahnend zu Ihnen fleht – – Beethoven, es muß sein! Geben Sie nach! Tun Sies zum Gedächtnis an Ihre Mutter! Tun Sies für mich, für Ihre einzige, Ihre treueste Freundin!"

Der große Mann mit dem an olympische Erhabenheit mahnenden Haupte stand lange vor der engelsbleichen Verehrerin seiner Muse, dann strich er mit seiner Hand das lang herabwallende Lockenhaar aus dem Gesicht, als ob ein schöner Traum durch seine Seele zöge, und, den Blick voll Rührung gen Himmel gerichtet, rief er schluchzend: „Ich wills – will alles – alles tun; für Sie – für meine Mutter!" Dabei zog er die Fürstin mit Ehrfurcht zu sich empor und reichte die Hand dem Fürsten wie zum Gelöbnis. Wir aber umstanden die Gruppe mit ernster Rührung, denn wir alle fühlten schon damals die Bedeutung des großen Augenblickes.

Es wurde von diesem Moment an kein Wort mehr von der Oper gesprochen – alle waren erschöpft und ich kann wohl sagen, daß ich mit Mayer einen durchaus nicht schwer verständlichen Erlösungsblick wechselte, als Bediente die weiten Flügeltüren des Speisesaales öffneten und die Gesellschaft sich endlich dort an reichbesetzten Tafeln niederließ, um das Sou-

per einzunehmen. Wahrscheinlich nicht ganz zufällig mußte ich Beethoven gegenübersitzen, der, im Geiste wohl noch bei seiner Oper verweilend, auffällig wenig aß, während ich, vom ärgsten Hunger gequält, den ersten Gang mit einer ans Komische grenzenden Hast verschlungen hatte. Lächelnd zeigte er auf meinen leeren Teller: „Sie haben ja die Speise verschlungen wie ein Wolf – was haben Sie denn gegessen?"
„Ich hatte so viel Hunger," antwortete ich, „daß ich in der Tat nicht achtgab, was ich aß."

„Darum haben Sie auch vorhin die Florestan-Partie, den Mann im Hungerturm so meisterhaft und mit so viel Naturtreue wiedergegeben; das Verdienst trifft also weder Ihre Stimme noch Ihren Kopf, sondern lediglich Ihren Magen. Nun, so hungern Sie nur immer recht brav vor der Vorstellung, dann wird uns der Erfolg nicht fehlen."

Alles an der Tafel lachte und freute sich wohl mehr darüber, daß Beethoven überhaupt wieder einen Scherz gemacht, als über den letzteren selbst.

Als wir das fürstliche Palais verließen, sprach Beethoven noch zu mir: „An Ihrer Partie habe ich am wenigsten zu ändern; kommen Sie daher in den nächsten Tagen in meine Wohnung, um dieselbe abzuholen; ich werde sie Ihnen selbst ausschreiben."

Wenige Tage später meldete ich mich in seinem Vorzimmer; ein ältlicher Diener wußte nicht, was er mit mir machen sollte, da sein Herr sich gerade wusch. Ich hörte dieses an dem Rieseln des Wassers, welches der edle Sonderling in förmlichen Bächen über sich hinweggoß; dabei stieß er ein gebrüllartiges Stöhnen aus, das bei ihm ein Ausbruch der Behaglichkeit zu sein schien. Auf des alten Dieners unfreundlicher Stirn glaubte ich die Worte: „Melden oder fortschicken?" in mürrischen, faltenreichen Buchstaben zu lesen; dann aber frug er plötzlich: „Wen habe ich die Ehre –?"

Ich nannte meinen Namen: „Joseph Röckel."
„Ja schauens," meinte der Wiener, „da hab ich halt Befehl zu melden."
Er ging und öffnete gleich darauf die Tür. Ich trat ein in die vom höchsten Genius geweihte Stätte. Sie sah fast dürftig einfach aus und es schien ihr jeglicher Ordnungssinn ewig fern geblieben zu sein. Dort in der Ecke ein geöffneter Flügel, mit Notenheften im wildesten Durcheinander belastet. Hier auf einem Stuhle ein Stück Eroica; die einzelnen Partien aus der ihn beschäftigenden Oper teilweise auf anderen Stühlen, teilweise auch auf und unter dem Tische, welcher in der Mitte der Stube stand, und zwischen Kammermusikwerken, Klaviertrios und Symphonieskizzen mitten drin der mächtige Waschapparat, an welchem der Meister beschäftigt war, seine stark gebaute Brust mit der kalten Flut zu bespülen. Er empfing mich ohne die geringsten Umstände und ich hatte Gelegenheit, seine mächtige Muskulatur und seinen starken Gliederbau zu bewundern. Nach diesem durfte man dem Komponisten das Alter eines Methusalem versprechen und es mußte ein gewaltiger feindseliger Einfluß sein, der diese starke Säule so frühzeitig zu brechen vermochte.
Leutselig begrüßte mich Beethoven mit zufriedenem Lächeln und erzählte mir, während er sich dabei ankleidete, mit welcher Mühe er eigenhändig die Stimme aus der unleserlichen Partitur geschrieben, damit ich sie recht schnell und durchaus korrekt erhalten sollte. —
Wenige Wochen später hatten auch schon die übrigen Opernmitglieder ihre Partien der neuen Bearbeitung in Händen. Wir staunten alle über die Arbeitskraft Beethovens, der in so kurzer Zeit die Umgestaltung seines genialen Werkes vollendet hatte, daß wir es bereits am 29. März 1806, also kaum vier Monate nach seiner ersten kurzen Bühnenexistenz, wie=

derum im Theater an der Wien, diesmal aber vor einem behaglicheren „wienerischen" Publikum zur Aufführung brachten.
Dem Komponisten war von der Direktion Tantième, mir, weil ich die eigentlich außer meinem bisherigen Spielfache liegende große Partie so bereitwillig übernommen hatte, ein Extrahonorar zugesichert. Ersterer zankte vor Beginn der Oper heftig mit dem Direktor, weil man sein Werk, dem er abermals ausdrücklich den Namen „Fidelio" gegeben, wieder aus Geschäftsrücksichten auf dem Theaterzettel unter dem alten, von der Paerschen Oper her bekannten Namen „Leonore" aufgeführt hatte. Wir gaben uns alle mögliche Mühe, dem Werke Erfolg zu verschaffen, und wenn dies nicht gleich beim ersten Male vollständig gelang, so war bei der zweiten und dritten Wiederholung das Theater bedeutend mehr besucht und selbst die Kritik ließ dem Werke jetzt einige, wenn auch nicht alle Gerechtigkeit widerfahren.
Ja, es hatte besser gefallen, aber immer noch nicht in dem Maße, wie ein über alles bisher Gehörte sich so weit erhebendes Kunstwerk gefallen mußte; das sahen wir an dem immer noch nicht ganz gefüllten Hause ebenso wie Beethoven an seiner Tantième, über deren geringen Ertrag er sich gerade beim Hofbankier Braun beschwerte, als ich am Tage nach der dritten Vorstellung (der neuen Bearbeitung) mein Spielhonorar bei letzterem in Empfang nehmen wollte. Während ich nämlich im Vorzimmer zum Geschäftsbureau des Barons zufällig warten mußte, hörte ich einem heftigen Streite zu, den derselbe im Nebenzimmer mit dem erzürnten Komponisten hatte. Beethoven war mißtrauisch und glaubte seinen Anteil am Reingewinn größer, als ihm der Hofbankier, welcher gleichzeitig das Theater an der Wien leitete, ausbezahlt hatte; dieser aber bemerkte, daß Beethoven der erste Komponist sei, den die Direktion in Anerkennung seiner außerordentlichen

Verdienste mit in Teilung gehen ließ, und erklärte ihm den Ausfall in der Kaffe dadurch, daß wohl die Logen und Sperrsitze alle besetzt gewesen wären, nicht aber die Plätze, in welchen des Volkes dichtgedrängte Massen eine Einnahme wie bei den Mozartschen Opern ergeben hätten, wobei er betonte, daß Beethovens Musik bis jetzt sich nur bei den gebildeten Ständen Eingang verschafft, während Mozart mit seinen Opern jedesmal gleich das ganze Volk, die Menge begeistert hätte. Beethoven rannte aufgebracht durch das Zimmer und schrie laut: „Ich schreibe nicht für die Menge – ich schreibe für die Gebildeten."

„Diese allein füllen uns aber nicht das Theater," versetzte der Baron wieder mit Ruhe; „zu unseren Einnahmen brauchen wir die Menge und Sie haben sich, da Sie in Ihrer Musik dieser einmal keine Konzessionen machen wollten, die geringere Tantième somit selbst zuzuschreiben. Hätten wir Mozart einen gleichen Anteil von dem Ertrage seiner Opern ausgezahlt, er würde reich geworden sein."

Dieser nachteilige Vergleich mit seinem berühmten Vorgänger schien Beethoven auf das empfindlichste zu berühren. Ohne ein Wort weiter darauf zu antworten, sprang er auf und rief im heftigsten Zorn: „Geben Sie mir meine Partitur zurück!"

Der Baron stand zögernd und starrte, wie vom Schlage gerührt, in das glühende Gesicht des erzürnten Komponisten, der aber wiederholte mit furchtbarer Leidenschaft: „Ich will meine Partitur – auf der Stelle meine Partitur!"

Der Baron zog die Glocke; ein Diener trat ein.

„Die Partitur der gestrigen Oper für diesen Herrn!" sagte der erstere vornehm und der Bediente holte dieselbe schleunigst herbei. „Es tut mir leid," fuhr hierauf der Kavalier fort, „allein ich denke, daß Sie bei ruhigerer Überlegung –"

Beethoven hörte jedoch diese Worte nicht mehr: er hatte den riesenhaften Band dem Diener aus der Hand gerissen und rannte damit, ohne mich im Eifer zu bemerken, durch das Vorzimmer und die Treppe hinab.

Als der Baron mich wenige Minuten darauf empfing, konnte der ernste Mann ein leises Beben noch nicht verbergen; er schien zu fühlen, welch einen kostbaren Schatz er aus der Hand gegeben hatte. Verstimmt sprach er zu mir: „Beethoven war gereizt und übereilt; Sie haben Einfluß auf ihn; bieten Sie alles auf — machen Sie ihm jede Versprechung in meinem Namen, unserer Bühne sein Werk zu erhalten."

Ich beurlaubte mich und eilte dem zürnenden Meister nach in sein Tusculum. Allein umsonst — er wollte kein Wort der Beruhigung hören: die zweite Bearbeitung des „Fidelio" verschloß bereits der Notenschrank, aus welchem das Meisterwerk erst nach 17 Jahren durch das Dornröschen der neuen Opernwelt, die jugendliche Schröder-Devrient, unter den Spinnweben der Vergessenheit wie ein Phönix hervorgezaubert wurde.

Wilhelm Rust an seine Schwester.

Hafing, 9. Juli 1808.

Du wünschest gern von Beethoven etwas zu hören; allein ich muß Dir leider zuerst schreiben, daß mir gar nicht gelungen ist, mit ihm genauer bekannt zu werden. Was ich sonst von ihm weiß, werde ich Dir jetzt erzählen.

Er ist ein ebenso origineller und eigner Mensch als seine Kompositionen: gewöhnlich ernst, zuweilen auch lustig, aber immer satirisch und bitter. Auf der andern Seite ist er auch wieder sehr kindlich und auch gewiß recht innig.

Er ist sehr wahrheitsliebend und geht darin wohl oft zu weit; denn er schmeichelt nie und macht sich ebendeswegen

viel Feinde. Ein junger Mensch spielt bei ihm und als er aufhörte, sagt Beethoven zu ihm: „Sie müssen noch lange spielen, ehe Sie einsehen lernen, daß Sie nichts können."
Ich weiß nicht, ob Du hörtest, daß ich auch bei ihm gespielt habe. Er lobte mein Spiel, besonders das der Bachischen Fuge, und sagte: „Das spielen Sie gut", was bei ihm viel sagen will. Er konnte aber doch nicht unterlassen, mich auf zwei Fehler aufmerksam zu machen.
Ich hatte nämlich in einem Scherzo die Töne nicht genug abgestoßen und ein andermal einen Ton zweimal angegeben, anstatt ihn zu binden. Auch spielte ich ihm ein Andante mit Variationen, das er ebenfalls lobte.
Die Franzosen muß er auch nicht leiden können; denn als einmal der Fürst Lichnowsky Franzosen bei sich hatte, bat er den Beethoven, der auch bei ihm war, auf ihr Verlangen vor ihnen zu spielen, aber er verweigerte es und sagte, vor Franzosen spiele er nicht. Deshalb entzweite er sich mit dem Lichnowsky.
Einmal traf ich ihn in einem Speisehause, wo er mit einigen Bekannten zusammensaß. Da schimpfte er gewaltig auf Wien und auf die dasige Musik und den Verfall derselben. Hierin hat er gewiß recht und ich war froh, dies Urteil von ihm zu hören, da ich es schon vorher bei mir empfand. Vorigen Winter war ich häufig im Liebhaberkonzert, wovon die ersten unter Beethovens Direktion sehr schön waren. Nachher aber, als er abging, wurden sie so schlecht, daß nicht eins verging, wo nicht irgend etwas wäre verhunzt worden...
Daß der Beethoven vielleicht Wien verläßt, ist leicht möglich; er hat wenigstens schon sehr oft davon gesprochen und gesagt: „Sie zwingen mich mit Gewalt dazu." Er hat mich auch einmal gefragt, wie die Orchester im Norden wären.
Du wolltest gern wissen, ob neue Sonaten von ihm heraus=

gekommen sind. Soviel ich weiß, sind keine herausgekommen. Er schrieb zuletzt Symphonien und schreibt jetzt eine Oper, welches eben die Ursache ist, warum ich nicht mehr zu ihm gehen kann. Im vorigen Jahre hat er eine Musik gemacht, die ich aber nicht gehört habe, und eine Ouvertüre von „Coriolan", die außerordentlich schön ist. Vielleicht hast Du in Berlin Gelegenheit gehabt, sie zu hören.
Das Thema aus C-moll mit Variationen, das Du erwähnst, habe ich auch; es ist sehr schön. Wenn Du aber Lust hast, Dir neue Sachen anzuschaffen, so suche ja 8 Suiten von Händel zu bekommen. Sie sind im Züricher Stich herausgekommen und sind wahre Meisterstücke.

Johann Friedrich Reichardt.

Wien, den 30. November 1808.

Auch den braven Beethoven hab ich endlich ausgefragt und besucht. Man kümmert sich hier so wenig um ihn, daß mir niemand seine Wohnung zu sagen wußte und es wirklich recht viel Mühe kostete, ihn auszufragen. Endlich fand ich ihn in einer großen, wüsten, einsamen Wohnung. Er sah anfänglich so finster aus wie seine Wohnung, erheiterte sich aber bald, schien ebensowohl Freude zu haben, mich wiederzusehen, als ich an ihm herzliche Freude hatte, äußerte sich auch über manches, was mir zu wissen nötig war, sehr bieder und herzig. Es ist eine kräftige Natur, dem Äußern nach zyklopenartig, aber doch recht innig, herzig und gut. Er wohnt und lebt viel bei einer ungarischen Gräfin Erdödy, die den vordern Teil des großen Hauses bewohnt, hat sich aber von dem Fürsten Lichnowsky, der den obern Teil des Hauses bewohnt und bei dem er sich einige Jahre ganz aufhielt, gänzlich getrennt.

Den 5. Dezember 1808.

Zu einem andern recht angenehmen Diner ward ich durch ein sehr freundliches, herzliches Billett von Beethoven, der mich persönlich verfehlt hatte, zu seiner Hausdame, der Gräfin Erdödy, einer ungarischen Dame, eingeladen. Fast hätte mir da zu große Rührung die Freude verdorben. Denkt euch eine sehr hübsche, kleine, feine fünfundzwanzigjährige Frau, die im fünfzehnten Jahre verheiratet wurde, gleich vom ersten Wochenbett ein unheilbares Übel behielt, seit den zehn Jahren nicht zwei, drei Monat außer dem Bette hatte sein können, dabei doch drei gesunde, liebe Kinder geboren hat, die wie die Kletten an ihr hängen, der allein der Genuß der Musik blieb, die selbst Beethovenschen Sachen recht brav spielt und mit noch immer dick geschwollenen Füßen von einem Fortepiano zum andern hinkt, dabei doch so heiter, so freundlich und gut — das alles machte mich schon oft so wehmütig während des übrigens recht frohen Mahles unter sechs, acht guten musikalischen Seelen. Und nun bringen wir den humoristischen Beethoven noch ans Fortepiano und er phantasiert uns wohl eine Stunde lang aus der innersten Tiefe seines Kunstgefühls in den höchsten Höhen und tiefsten Tiefen der himmlischen Kunst mit Meisterkraft und Gewandtheit herum, daß mir wohl zehnmal die heißesten Tränen entquollen und ich zuletzt gar keine Worte finden konnte, ihm mein innigstes Entzücken auszudrücken. Wie ein innig bewegtes glückliches Kind hab ich an seinem Halse gehangen und mich wieder wie ein Kind darüber gefreut, daß ihn und alle die enthusiastischen Seelen auch meine Goetheschen Lieder glücklich zu machen schienen.

Den 10. Dezember 1808.

Einige Tage später hatte mir Beethoven die Freude gemacht, dasselbe angenehme Quartett zur Gräfin von Erdödy einzuladen, um mir etwas Neues von seiner Arbeit hören zu lassen. Er spielte selbst ein ganz neues Trio für Fortepiano, Violine und Violoncell von großer Kraft und Originalität überaus brav und resolut.

Auch trug das Quatuor einige der ältern sehr schweren Beethovenschen Quartette sehr gut vor. Herr Schuppanzigh zeigte eine ganz besondre Geschicklichkeit und Fertigkeit im Vortrag der schweren Beethovenschen Kompositionen, in denen oft die Violine in den schwersten Klavierfiguren mit dem Fortepiano wetteifert, wie dieses wieder im Gesange mit der Violine.

Die liebe, kränkliche und doch so rührend heitre Gräfin und eine ihrer Freundinnen, auch eine ungarische Dame, hatten solchen innigen, enthusiastischen Genuß an jedem schönen, kühnen Zuge, an jeder gelungenen, feinen Wendung, daß mir ihr Anblick fast ebenso wohl tat als Beethovens meisterhafte Arbeit und Exekution. Glücklicher Künstler, der solcher Zuhörer gewiß sein kann! ...

Einem Liebhaberkonzert, das für den Winter angegangen ist, habe ich hier auch schon beigewohnt, das mich seiner äußern Einrichtung nach aber fast getötet hat, ungeachtet die Gesellschaft sehr angenehm war. In drei ziemlich kleinen Zimmern, wie ich sie hier fast noch nie gesehen hatte, war eine große Menge Zuhörer aus allen Ständen und eine fast ebenso große von Musikern zusammengepfropft, daß mir Luft und Gehör verging. Zum Glück verging mir nicht das Gesicht auch; denn es waren zum Teil sehr hübsche, feine Damen da, von denen einige auch sehr artig sangen. Aber selbst sehr gute Sachen von Beethoven, Romberg, Paer u. a. konnten keine Wirkung tun, da man in dem engen Raum von dem Lärm der Trompeten und Pauken und allen möglichen Blaseinstrumenten ganz betäubt ward. Indes bekam ich doch etwas sehr Vollkommnes zu hören, das denn auch ganz hieher paßte und dadurch um so wohltätiger wirkte. Es war ein neapolitanischer Gitarrenspieler, der so vollkommen spielte, daß er mir oft die schöne alte Zeit des echten Lautenspiels zurückrief; ich habe nie etwas so Vollkommnes auf einem so unvollkommnen Instrumente gehört. Dann sangen noch zwei Italiener mit ihm mit angenehmer Tenor- und Baßstimme eine kleine französische Romanze: La Sentinelle, die vor dem Feinde in heller Nacht auf dem Posten steht und seine Wünsche und Beteurungen den Winden an sein Mädchen gibt, daß er für sie nur wache, lebe, fechte, sterbe. Eine allerliebste, marschmäßige Melodie hatte der feine Italiener, der auch ein sehr schöner junger Mann, ein wahrer Antinous war, sehr artig für die Gitarre eingerichtet und mit lebhaften Zwischenspielen bereichert. Das paßte ganz fürs Zimmer und für die Gesellschaft, die auch davon entzückt war, es aber nicht zu fühlen schien, daß der ganze angenehme Eindruck durch Beethovens übermächtige, gigantische Ouvertüre zu Collins „Coriolan" wieder zerstört wurde. Gehirn und Herz wurden mir von den Kraftschlägen und Rissen in den engen Zimmern fast zersprengt, die sich jeder bemühte so recht aus Leibeskräften zu verstärken, da der Komponist selbst gegenwärtig war. Es freute mich sehr, den braven Beethoven selbst da und sehr fetiert da zu sehen, um so mehr, da er die unselige, hypochondrische Grille im Kopf und Herzen hat, daß ihn hier alles verfolge und verachte. Sein äußeres störrisches Wesen mag freilich manchen gutmütigen, lustigen Wiener zurückscheuchen und viele unter denen, die sein großes Talent und Verdienst auch anerkennen, mögen wohl nicht Humanität und Delikatesse genug anwenden, um dem zarten, reizbaren und mißtrauischen Künstler die Mittel zur Annehmlichkeit des Lebens so anzubringen, daß er sie gern empfinge und auch seine Künstlerbefriedigung darin fände. Es jammert mich oft recht herzinnig, wenn ich den grundbraven, trefflichen Mann finster und leidend erblicke, wiewohl ich auch wieder überzeugt bin, daß seine besten, originellsten Werke nur in solcher eigensinnigen, tief mißmütigen Stimmung hervorgebracht werden konnten. Menschen, die sich seiner Werke zu erfreuen imstande sind, sollten dieses nie aus den Augen lassen und sich an keine seiner äußern Sonderbarkeiten und rauhen Ecken stoßen. Dann erst wären sie seine echten, wahren Verehrer.

Den 16. Dezember 1808.

Am Donnerstag [den 15.] habe ich das schöne Quartett wieder gehört. Es wurden drei Quartetts, eins von Haydn, dann eins von Mozart und zuletzt eins von Beethoven gespielt, dies letzte ganz besonders gut. Es war mir sehr interessant, in dieser Folge zu beobachten, wie die drei echten Humoristen das Genre, so jeder nach seiner individuellen Natur, weiter ausgebildet haben. Haydn erschuf es aus der reinen, hellen Quelle seiner lieblichen, originellen Natur: an Naivetät und heitrer Laune bleibt er daher auch immer der einzige. Mozarts kräftigere Natur und reichere Phantasie griff weiter um sich und sprach in manchem Satz das Höchste und Tiefste seines innern Wesens aus; er war auch selbst mehr exekutierender Virtuose und mutete daher den Spielern weit mehr zu, setzte auch mehr Wert in künstlich durchgeführte Arbeit und baute so auf Haydns lieblich phantastisches Gartenhaus seinen Palast. Beethoven hatte sich früh schon in diesem Palast eingewohnt und so blieb ihm nur, um seine eigne Natur auch in eignen Formen auszudrücken, der kühne, trotzige Turmbau, auf den so leicht keiner weiter etwas setzen soll, ohne den Hals zu brechen. Mehrmalen ist mir dabei Michelangelos stolzer, kecker Gedanke eingefallen, das herrliche Pantheon als Kuppel auf seine Peterskirche zu setzen...

Auch ein Morgenkonzert haben wir wieder gehabt im kleinen Reboutenfaale. Eine Madame Bigot, deren Mann, ein braver, gebildeter Berliner, Bibliothekar bei dem Grafen von Rafumowsky ist, gab das Konzert und spielte mit großer Virtuosität das Fortepiano. Fürs große Publikum war die Wahl der Stücke zwar nicht gut getroffen; denn sie hatte eins der schwersten Konzerte und die allerschwersten, bizarrsten Variationen von Beethoven über ein sonderbares Thema von acht Takten gewählt. Dem Kenner zeigte sie aber desto sicherer eine recht fest gegründete Virtuosität. Ihr Vortrag war überall, auch bei den größten Schwierigkeiten vollkommen deutlich und rein und besonders zeigte sie eine seltne, große Fertigkeit und Sicherheit in der linken Hand. Das ganze Konzert bestand fast aus lauter Musik von Beethoven, der ihr Heiliger zu sein scheint. Zum Anfange ward eine sehr glänzende Symphonie von Beethoven recht brav und kräftig gespielt und zum Schlusse seine herkulische Ouvertüre zum „Coriolan", die sich hier im großen Saale besser ausnahm als letzt im engen Zimmer. Mir kam dabei die Bemerkung, daß Beethoven sich selbst noch besser darin dargestellt als seinen Helden.

Den 25. Dezember 1808.

Die verflossene Woche, in welcher die Theater verschlossen und die Abende mit öffentlichen Musikaufführungen und Konzerten besetzt waren, kam ich mit meinem Eifer und Vorsatz, alles hier zu hören, in nicht geringe Verlegenheit. Besonders war dies der Fall am 22sten, da die hiesigen Musiker für ihre große, treffliche Witwenanstalt im Burgtheater die erste diesjährige große Musikaufführung gaben, am selbigen Tage aber auch Beethoven im großen vorstädtischen Theater ein Konzert zu seinem Benefiz gab, in welchem lauter Kompo-

sitionen von seiner eignen Arbeit aufgeführt wurden. Ich konnte dieses unmöglich versäumen und nahm also den Mittag des Fürsten von Lobkowitz gütiges Anerbieten, mich mit hinaus in seine Loge zu nehmen, mit herzlichem Dank an. Da haben wir denn auch in der bittersten Kälte von halb sieben bis halb elf ausgehalten und die Erfahrung bewährt gefunden, daß man auch des Guten – und mehr noch des Starken – leicht zu viel haben kann. Ich mochte aber dennoch so wenig als der überaus gutmütige, delikate Fürst, dessen Loge im ersten Range ganz nahe am Theater war, auf welchem das Orchester und Beethoven dirigierend mitten drunter ganz nahe bei uns stand, die Loge vor dem gänzlichen Ende des Konzerts verlassen, obgleich manche verfehlte Ausführung unsre Ungeduld in hohem Grade reizte. Der arme Beethoven, der an diesem seinem Konzert den ersten und einzigen baren Gewinn hatte, den er im ganzen Jahre finden und erhalten konnte, hatte bei der Veranstaltung und Ausführung manchen großen Widerstand und nur schwache Unterstützung gefunden. Sänger und Orchester waren aus sehr heterogenen Teilen zusammengesetzt und es war nicht einmal von allen aufzuführenden Stücken, die alle voll der größten Schwierigkeiten waren, eine ganz vollständige Probe zu veranstalten möglich geworden. Du wirst erstaunen, was dennoch alles von diesem fruchtbaren Genie und unermüdeten Arbeiter während der vier Stunden ausgeführt wurde.
Zuerst eine Pastoralsymphonie oder Erinnerungen an das Landleben... Jede Nummer war ein sehr langer, vollkommen ausgeführter Satz voll lebhafter Malereien und glänzender Gedanken und Figuren und diese eine Pastoralsymphonie dauerte daher schon länger, als ein ganzes Hofkonzert bei uns dauern darf.
Dann folgte als sechstes Stück eine lange italienische Szene,

3. Franz Klein: Büste Beethovens (1812).

von Demoiselle Killitschky, der schönen Böhmin mit der schönen Stimme, gesungen. Daß das schöne Kind heute mehr zitterte als sang, war ihr bei der grimmigen Kälte nicht zu verdenken, denn wir zitterten in den dichten Logen, in unsere Pelze und Mäntel gehüllt.

Siebentes Stück: ein Gloria mit Chören und Solos, dessen Ausführung aber leider ganz verfehlt wurde. Achtes Stück: ein neues Fortepianokonzert von ungeheurer Schwierigkeit, welches Beethoven zum Erstaunen brav in den allerschnellsten Tempis ausführte. Das Adagio, ein Meistersatz von schönem, durchgeführtem Gesange, sang er wahrhaft auf seinem Instrumente mit tiefem, melancholischem Gefühl, das auch mich dabei durchströmte. Neuntes Stück: eine große, sehr ausgeführte, zu lange Symphonie. Ein Kavalier neben uns versicherte, er habe bei der Probe gesehen, daß die Violoncellpartie allein, die sehr beschäftigt war, vierunddreißig Bogen betrüge... Zehntes Stück: ein „Heilig" wieder mit Chor und Solopartien, leider wie das Gloria in der Ausführung gänzlich verfehlt.

Elftes Stück: eine lange Phantasie, in welcher Beethoven seine ganze Meisterschaft zeigte, und endlich zum Beschluß noch eine Phantasie, zu der bald das Orchester und zuletzt sogar das Chor eintrat. Diese sonderbare Idee verunglückte in der Ausführung durch eine so komplette Verwirrung im Orchester, daß Beethoven in seinem heiligen Kunsteifer an kein Publikum und Lokale mehr dachte, sondern drein rief, aufzuhören und von vorne wieder anzufangen. Du kannst Dir denken, wie ich mit allen seinen Freunden dabei litt. In dem Augenblick wünschte ich doch, daß ich möchte den Mut gehabt haben, früher hinauszugehen.

Den 31. Dezember 1808.

Einen zwiefachen musikalischen Abend habe ich wieder gehabt. Erst ein Quartett bei der Gräfin Erdödy. Beethoven spielte ganz meisterhaft, ganz begeistert neue Trios, die er kürzlich gemacht, worin ein so himmlischer, kantabeler Satz (im Dreivierteltakt und in As-dur) vorkam, wie ich von ihm noch nie gehört und der das Lieblichste, Graziöseste ist, das ich je gehört; er hebt und schmilzt mir die Seele, sooft ich dran denke. Er wird die Trios nächstens in Leipzig stechen lassen.

Baron de Trémont.

Ich bewunderte sein Genie und konnte seine Werke auswendig, als ich im Jahre 1809 als Auditor beim Staatsrat beauftragt wurde, Napoleon, der in Österreich Krieg führte, die Beschlüsse des Staatsrats zu überbringen. Trotz der eiligen Abreise überlegte ich, daß ich im Falle der Eroberung Wiens mir nicht die Gelegenheit entgehen lassen wollte, Beethoven dort zu sehen. Deshalb erbat ich von Cherubini einen Empfehlungsbrief an ihn. „Ich würde Ihnen einen an Haydn geben," meinte er, „Sie würden diesem ausgezeichneten Mann willkommen sein; aber ich werde unter keinen Umständen an Beethoven schreiben. Ich würde untröstlich sein, wenn er jemand nicht empfangen hätte, der durch mich empfohlen ist. Er ist ein ungeleckter Bär."

Ich wandte mich an Reicha, der mir aber sagte: „Ich fürchte, daß mein Brief Ihnen nichts nützen wird. Seitdem Frankreich ein Kaiserreich geworden ist, verachtet Beethoven den Kaiser und die Franzosen derart, daß Rode, der erste Geiger Europas, auf der Reise nach Rußland acht Tage in Wien geblieben ist, ohne von ihm empfangen zu werden. Er ist menschenscheu und verdrießlich, ein Misanthrop, und um Ihnen einen Begriff davon zu geben, wie wenig Umstände er macht, wird es genügen, Ihnen zu sagen, daß die Kaiserin (Prinzessin von Bayern, zweite Gemahlin Franz' II.) ihn eines Morgens bitten ließ, bei ihr vorzusprechen. Er antwortete, daß er den ganzen Tag beschäftigt sein würde, aber versuchen wolle, am andern Tage zu kommen."

Diese Auskunft gab mir die Gewißheit, daß ich mich vergeblich bemühen würde, Beethoven kennen zu lernen. Ich hatte weder Ruf noch Titel, um mir Geltung zu verschaffen, und ich hatte um so mehr Ursache, zu befürchten, zurückgewiesen zu werden, da ich in Wien eintraf, als die Stadt durch die französische Armee zum zweitenmal beschossen wurde, und ich überdies zum Staatsrate Napoleons gehörte. Dennoch wollte ich es versuchen. Ich begab mich zu dem unzugänglichen Komponisten und dachte an seiner Haustür, daß mein Tag schlecht gewählt war. Da ich einen offiziellen Besuch zu machen hatte, trug ich die kleine Staatsratsuniform. Zudem wohnte er unglücklicherweise auf dem Wall und da von Napoleon dessen Zerstörung befohlen war, hatte man eine Mine unter seinen Fenstern gelegt.

Seine Nachbarn zeigten mir seine Wohnung. „Er ist zu Hause," sagten sie mir, „aber er hat augenblicklich keine Bedienung; denn er wechselt alle Augenblicke. Es ist zweifelhaft, ob er öffnen will." Ich klingelte dreimal und wollte schon fortgehen, als ein sehr häßlicher Mann in sichtbar schlechter Laune öffnete und mich fragte, was ich wolle. „Habe ich die Ehre, Herrn Beethoven zu sprechen?" — „Ja, mein Herr, aber ich sage Ihnen zuvor," antwortete er deutsch, „daß ich sehr schlecht Französisch verstehe." „Ich verstehe Deutsch nicht besser, mein Herr, aber meine Botschaft beschränkt sich darauf, Ihnen von Paris einen Brief von Herrn Reicha zu bringen." —

Er sah mich an, nahm den Brief und ließ mich eintreten.

Seine Wohnung bestand, glaube ich, nur aus zwei Räumen. Der erste enthielt einen geschlossenen Alkoven mit seinem Bett, war aber so klein und dunkel, daß er in dem zweiten Zimmer oder dem Salon seine Toilette machen mußte.
Stellen Sie sich das Unsauberste und Unordentlichste vor: Wasserlachen bedeckten den Boden; ein ziemlich alter Flügel, auf dem der Staub mit Blättern voll geschriebener oder gedruckter Noten um den Platz stritt. Darunter – ich übertreibe nichts – ein noch nicht geleertes diskretes Gefäß. Daneben ein kleiner Tisch aus Nußbaumholz, der daran gewöhnt war, daß das Schreibzeug darauf oft umgeworfen wurde. Eine Menge Federn voll eingetrockneter Tinte, neben welchen die sprichwörtlichen Gasthoffedern ausgezeichnet gewesen wären. Die Stühle hatten fast alle Strohsitze und waren mit Kleidungsstücken und Tellern voller Reste vom Abendessen des vorhergehenden Tages bedeckt. Balzac oder Dickens könnten diese Schilderung noch zwei Seiten fortsetzen und würden noch ebensoviel nötig haben, um Ihnen die äußere Erscheinung des berühmten Tondichters zu beschreiben. Da ich jedoch weder Balzac noch Dickens bin, beschränke ich mich darauf zu sagen: Ich war bei Beethoven.
Ich sprach kaum gebrochen Deutsch, aber ich verstand es etwas besser. Er war nicht stärker im Französischen. Ich erwartete, daß er mich nach dem Durchlesen des Briefes verabschieden und damit leider unsere Bekanntschaft zu Ende sein würde. Ich hatte den Bären in seinem Zwinger gesehen, das war mehr, als ich hoffen konnte. Ich war also sehr überrascht, als er mich weiter ansah, den Brief, ohne ihn zu öffnen, auf den Tisch legte und mir einen Stuhl anbot – und noch viel mehr erstaunt, als er anfing, mit mir zu plaudern. Er erkundigte sich nach meiner Uniform, meinem Amt, meinem Alter, dem Zweck meiner Reise – ob ich Musiker wäre, ob ich mich

in Wien aufhalten müsse. Ich antwortete ihm, daß der Brief von Reicha ihm ungefähr alles das und zwar besser erklären würde, als es mir möglich sei.

„Nein, nein! Sprechen Sie nur," sagte er, „aber langsam, da ich sehr schwerhörig bin; ich werde Sie schon verstehen." Ich machte unglaubliche Anstrengungen, mich auszudrücken, und er setzte ebenfalls allen guten Willen daran: es war das seltsamste Gemisch von schlechtem Deutsch und schlechtem Französisch. Mit einem Wort: wir verstanden uns, der Besuch dauerte beinahe drei Viertelstunden und ich mußte ihm versprechen, wiederzukommen.

Ich ging stolzer fort, als Napoleon in Wien eingezogen war: ich hatte Beethoven erobert! Wenn Sie mich nach dem Wie fragen würden, könnte ich Ihnen nicht antworten. Die Ursache ist nur in seinem wunderlichen Charakter zu suchen. Ich war jung, sanft und höflich; ich war ihm unbekannt und sein Gegensatz. Aus Laune, aus irgendeinem mir unerklärlichen Grunde fand er Gefallen an mir. Und da bei grillenhaften Leuten diese plötzlichen Neigungen selten schüchtern sind, gab er mir während meines Aufenthaltes in Wien häufig ein Stelldichein und für mich allein improvisierte er bis zu zwei Stunden an einem Stück hintereinander. Als er ein Dienstmädchen hatte, befahl er ihr, nicht zu öffnen, wenn man klingelte, oder — falls man das Spielen hörte — zu sagen, daß er komponiere und nicht empfangen könne.

Einige Musiker, mit denen ich bekannt wurde, wollten es kaum glauben. „Werden Sie mir glauben," sagte ich ihnen, „wenn ich Ihnen ein Billett zeige, das er mir französisch geschrieben hat?" — „Französisch? Das ist unmöglich; er versteht es kaum und schreibt sogar das Deutsche nicht leserlich! Er ist zu einer solchen Anstrengung unfähig!" — Ich gab ihnen den Beweis. „Dann hat er eine wirkliche Leiden=

schaft für Sie," meinten sie; „was für ein unerklärlicher Mensch!" –

Ich habe dieses Billett, das für mich eine kostbare Urkunde ist, einrahmen lassen.

Beethovens Improvisationen haben mir die – vielleicht – lebhaftesten musikalischen Erregungen in meinem Leben verursacht. Ich kann versichern, daß man die ungeheure Tragweite seines Talents nur unvollkommen kennt, wenn man ihn nicht nach seinem Gefallen improvisieren hörte. In seiner stark impulsiven Art sagte er mir wiederholt, nachdem er einige Akkorde angeschlagen hatte: „Es fällt mir nichts ein, lassen wir es diesmal." Dann plauderten wir über Philosophie, Religion, Politik und besonders über Shakespeare, seinen Abgott, immer in einer Sprache, die die Zuhörer, wenn welche dagewesen wären, ins Lachen gebracht hätte.

Beethoven war kein homme d'esprit, wenn man darunter jemand verstehen will, der pointierte und geistvolle Dinge zu sagen weiß. Er war naturgemäß zu schweigsam, als daß seine Unterhaltung hätte belebt sein können. Seine Gedanken kamen stoßweise zum Vorschein, aber sie waren erhaben und großherzig, wenn auch oft wenig richtig. Es gab zwischen ihm und J. J. Rousseau einen Zusammenhang von irrtümlichen Meinungen, die ihren Ursprung darin hatten, daß ihre misanthropische Gemütsart in ihrer Phantasie eine Welt geschaffen hatte, die keine Beziehungen zur menschlichen Natur und zum sozialen Staat hatte. Aber Beethoven war unterrichtet. Die Abgeschlossenheit seiner Ehelosigkeit, seine Taubheit, sein öfterer Aufenthalt auf dem Lande – alles das hatte ihn veranlaßt, sich dem Studium der griechischen und lateinischen Schriftsteller und mit besonderer Begeisterung dem Shakespeares zu widmen. Da ein eigenartiges, aber echtes Interesse hinzukam, das aus falschen Begriffen hervorging, die wiederum in gutem Glauben gefaßt und beibehalten wurden, so war seine Unterhaltung, wenn nicht sehr anziehend, so doch wenigstens originell und merkwürdig. Und da er voll Wohlwollen gegen mich war, hatte er es in seinem griesgrämigen Wesen gern, daß ich ihm zuweilen widersprach, anstatt mich immer seiner Meinung unterzuordnen.

War er an dem Tage, den er für eine Improvisation bestimmt hatte, gut aufgelegt, dann war er erhaben. In seiner Begeisterung ganz hingerissen in schönen Melodien und freien Harmonien, nur beherrscht vom musikalischen Empfinden, dachte er nicht, wie sonst am Schreibtisch, daran, Wirkungen zu suchen. Sie ergaben sich ohne das von selbst.

Sein Klavierspiel war nicht korrekt und sein Fingersatz oft falsch, worunter die Schönheit des Tones litt. Aber wer konnte bei ihm an den Spieler denken? Man war ganz in seinen Ideen aufgegangen; was kümmerte die Art, wie seine Hände sie ausdrückten! —

Ich fragte ihn, ob er nicht Frankreich kennen lernen möchte. „Ich habe es lebhaft gewünscht," antwortete er, „bevor es sich einen Herrscher gab. Nun ist mir die Lust vergangen, dennoch möchte ich gern in Paris die Symphonien Mozarts hören (er nannte weder die seinigen noch die von Haydn), die das Konservatorium, wie ich höre, besser aufführt, als sonstwo geschieht. Übrigens bin ich zu arm, um aus reiner Neugier eine solche Reise machen zu können, die noch dazu sehr geschwind gehen müßte."

„Machen Sie sie mit mir, ich nehme Sie mit."

„Wo denken Sie hin? — Ich kann doch nicht annehmen, daß Sie für mich diese Ausgabe machen!" —

„Sein Sie versichert, daß sie gleich Null ist. Die Reisekosten sind bezahlt und ich bin allein in meinem Wagen. Wenn Sie mit einem kleinen Zimmer zufrieden sind, stelle ich Ihnen

eins zur Verfügung. Also! Sagen Sie ja! Paris ist wohl wert, dort vierzehn Tage zuzubringen. Sie würden nur die Kosten der Rückreise – etwa 50 Gulden – zu tragen haben."
„Sie bringen mich in Versuchung; ich werde es mir überlegen." –
Ich redete mehrfach auf ihn ein, sich zu entscheiden. Immer entsprang seine Unschlüssigkeit seiner grämlichen Laune.
„Ich werde von Besuchern belagert sein."
„Sie werden sie nicht empfangen."
„– überhäuft von Einladungen."
„Die Sie nicht annehmen werden."
„Man wird mich drängen, zu spielen, zu komponieren."
„Sie werden antworten, daß Sie dazu keine Zeit haben."
„Ihre Pariser werden sagen, daß ich ein Bär sei."
„Was kümmert Sie das? – Man sieht, daß Sie sie nicht kennen. Paris ist die Heimat der Freiheit und Unabhängigkeit von den gesellschaftlichen Fesseln. Die bemerkenswerten Menschen werden hier so aufgenommen, wie es ihnen beliebt, sich zu geben, und wenn einer von ihnen, besonders ein Fremder etwas exzentrisch ist, dann hilft ihm dies noch zum Erfolg." –
Endlich reichte er mir eines Tages die Hand und sagte mir, daß er mit mir kommen werde. Ich war entzückt ... Beethoven nach Paris zu bringen, ihn bei mir wohnen zu lassen, ihn in die musikalische Welt einzuführen – das wäre für mich ein Triumph gewesen. Aber um mich für meine voreilige Freude zu strafen, sollte ihr die Verwirklichung nicht folgen. Infolge des Waffenstillstandes besetzten wir Mähren, wohin ich als Intendant geschickt wurde. Ich verbrachte da vier Monate; als der Vertrag von Wien diese Provinz an Österreich zurückgab, kehrte ich nach Wien zurück, wo ich Beethoven in den alten Verhältnissen wiederfand. Ich hoffte den Befehl

zu meiner Abreise nach Paris zu empfangen, doch ich erhielt denjenigen, mich sofort als Intendant nach Kroatien zu begeben. Dort blieb ich ein Jahr und empfing dann meine Ernennung als Präfekt von Aveyron mit dem Befehl, eine Mission zu beendigen, womit ich außerdem in Agram beauftragt war, und dann eiligst nach Paris zu kommen, um dort Rechenschaft darüber abzulegen, bevor ich zu meiner neuen Bestimmung abreiste. Ich konnte also weder Wien berühren noch Beethoven wiedersehen. — —

Am kaiserlichen Hof zu Wien hielt man ihn für einen Republikaner. Weit davon entfernt, ihn zu protegieren, wohnte deshalb auch der Hof niemals der Aufführung eines seiner Werke bei. Napoleon war sein Held gewesen, solange er der erste Konsul der Republik blieb. Nach der Schlacht bei Marengo arbeitete er an der Heldensymphonie (Eroica), um sie ihm zu widmen. Sie wurde 1802 fertig, als man anfing, davon zu sprechen, daß Napoleon sich krönen lassen und danach Deutschland unterwerfen wolle. Beethoven zerriß seine Widmung und übertrug seine Abneigung auf die französische Nation, die sich unter das Joch gebeugt hatte. Dennoch beschäftigte ihn die Größe Napoleons ungemein und er sprach oft mit mir darüber. In all seiner üblen Laune erkannte ich, daß er bewunderte, wie Napoleon von so niedriger Stellung emporgestiegen war. Das schmeichelte seinen demokratischen Ideen. Eines Tages sagte er mir: „Würde ich genötigt sein, Ihren Kaiser zu begrüßen, wenn ich nach Paris käme?" Ich versicherte ihm, daß er das nicht nötig hätte, wofern er nicht befohlen würde. „Und denken Sie, daß man mich auffordern wird?" — „Ich würde nicht daran zweifeln, wenn Napoleon wüßte, wer Sie sind; aber Sie haben ja durch Cherubini erfahren, daß er von Musik nur wenig versteht."

Diese Frage ließ mich vermuten, daß es ihm trotz seiner Über=

zeugungen geschmeichelt hätte, wenn er von Napoleon ausgezeichnet worden wäre. So verneigt sich der menschliche Stolz vor dem, was ihm schmeichelt.

Dieser Menschenscheue hat sich auch unter das Joch der Liebe gebeugt. Man weiß nicht, wer die Giulietta war, der er leidenschaftliche Briefe schrieb; aber man wußte, daß sie bedauerlicherweise verheiratet war. Eine starke Neigung empfand er auch für die Gräfin Marie Erdöby, eine Liebe, die derjenigen Rousseaus zur Madame d'Houdetot glich. Ich kenne auch den Gegenstand seiner dritten Leidenschaft, aber ich darf ihn nicht nennen.

Bettina Brentano an Anton Bihler.

[Bukowan] Am 9. Juli [1810].

Beethoven habe ich erst in den letzten Tagen meines dortigen Aufenthalts kennen gelernt; beinahe hätte ich ihn gar nicht gesehen, denn niemand wollte mich zu ihm bringen, selbst die sich seine besten Freunde nannten, nicht und zwar aus Furcht vor seiner Melancholie, die ihn so befängt, daß er sich um nichts interessiert und den Fremden eher Grobheiten als Höflichkeiten erzeigt. Eine Phantasie von ihm, die ich ganz vortrefflich vortragen hörte, bewegte mir das Herz und hatte ich von demselben Augenblicke eine Sehnsucht nach ihm, daß ich alles aufbot. Kein Mensch wußte, wo er wohnte; er hält sich oft ganz versteckt. — Seine Wohnung ist ganz merkwürdig: im ersten Zimmer zwei bis drei Flügel, alle ohne Beine auf der Erde liegend, Koffer, worin seine Sachen, ein Stuhl mit drei Beinen, im zweiten Zimmer sein Bett, welches Winters wie Sommers aus einem Strohsack und dünner Decke besteht, ein Waschbecken auf einem Tannentisch, die Nachtkleider liegen auf dem Boden; hier warteten wir eine gute halbe Stunde, denn er rasierte sich gerade. Endlich kam er. Seine Person ist klein (so groß sein Geist und Herz ist), braun, voll Blatternarben, was man nennt: garstig, hat aber eine himmlische Stirn, die von der Harmonie so edel gewölbt ist, daß man sie wie ein herrliches Kunstwerk anstaunen möchte, schwarze Haare, sehr lang, die er zurückschlägt, scheint kaum dreißig Jahre alt, er weiß seine Jahre selbst nicht, glaubt aber doch fünfunddreißig.

Ich hatte nun viel gehört, wie behutsam man mit ihm sein müsse, um ihn nicht scheel zu machen; ich hatte aber sein edles Wesen auf eine ganz andere Art berechnet und nicht geirrt. In einer Viertelstunde war er mir so gut geworden, daß er nicht von mir lassen konnte, sondern immer neben mir herging, auch mit uns nach Hause ging und zur größten Verwunderung seiner Bekannten den ganzen Tag dablieb. Dieser Mensch hat einen sogenannten Stolz, daß er weder dem Kaiser noch den Herzögen, die ihm eine Pension umsonst geben, zu Gefallen spielt, und in ganz Wien ist es das Seltenste, ihn zu hören. Auf meine Bitte, daß er spielen möchte, antwortete er: „Nun, warum soll ich denn spielen?"

„Weil ich mein Leben gern mit dem Herrlichsten erfüllen will und weil Ihr Spiel eine Epoche für dieses Leben sein wird", sagte ich.

Er versicherte mich, daß er dieses Lob zu verdienen suchen wolle, setzte sich neben das Klavier auf die Ecke eines Stuhls und spielte leise mit einer Hand, als wollte er suchen, den Widerwillen zu überwinden, sich hören zu lassen. Plötzlich hatte er alle Umgebung vergessen und seine Seele war ausgedehnt in einem Weltmeere von Harmonie. Ich habe diesen Mann unendlich lieb gewonnen. In allem, was seine Kunst anbelangt, ist er so herrschend und wahrhaft, daß kein Künstler sich ihm zu nähern getraut, in seinem übrigen Leben aber so naiv, daß man aus ihm machen kann, was man will.

Er ist durch seine Zerstreuung darüber ordentlich zum Gespött geworden; man benutzt dies auch so, daß er selten so viel Geld hat, um nur das Notdürftige anzuschaffen. Freunde und Brüder zehren ihn auf; seine Kleider sind zerrissen, sein Ansehen ganz zerlumpt (das soll Nußbaumer sich merken) und doch ist seine Erscheinung bedeutend und herrlich. Dazu kommt noch, daß er sehr harthörig ist und beinahe gar nichts sieht. Wenn er aber gerade komponiert hat, so ist er ganz taub und seine Augen sind verwirrt im Blicke auf das Äußere: das kommt daher, weil die ganze Harmonie sich in seinem Hirne fortbewegt und er nur auf diese seine Sinne richten kann; das also, was ihn mit der Welt in Verbindung hält (das Gesicht und Gehör), ist ganz abgeschnitten, so daß er in der tiefsten Einsamkeit lebt. Wenn man zuweilen lange mit ihm spricht und auf eine Antwort wartet, so bricht er plötzlich in Töne aus, zieht sein Notenpapier hervor und schreibt. Er machts nicht wie der Kapellmeister Winter, der hinschreibt, was ihm zuerst einfiel; er macht erst großen Plan und richtet seine Musik in eine gewisse Form, nach welcher er nachher arbeitet.

Er kam diese letzten Tage, die ich noch in Wien zubrachte, alle Abend zu mir, gab mir Lieder von Goethe, die er komponiert hatte, und bat mich, ihm zum wenigsten alle Monate einmal zu schreiben, weil er außer mir keinen Freund habe. Warum ich Ihnen nun dies alles so umständlich schreibe? – weil ich erstens glaube, daß Sie wie ich Sinn und Verehrung für ein solches Gemüt haben, zweitens weil ich weiß, wie unrecht man ihm tut, gerade weil man zu klein ist, ihn zu begreifen – so kann ichs nicht lassen, ihn ganz, wie er mir ist, darzustellen. Noch obendrein sorgt er mit der größten Güte für alle, die sich ihm in bezug auf Musik vertrauen: der geringste Anfänger darf sich ihm vertrauensvoll überlassen; er wird nicht müde, Rat und Beistand zu leisten, dieser Mann, der es nicht einmal über sich gewinnen kann, eine Stunde seiner Freiheit abzuzwacken.

Bettina von Arnim.
Wien, am 28. Mai [1810].

Wie ich Diesen sah, von dem ich Dir jetzt sprechen will, da vergaß ich der ganzen Welt. Schwindet mir doch auch die Welt, wenn mich Erinnerung ergreift – ja sie schwindet. Mein Horizont fängt zu meinen Füßen an, wölbt sich um mich und ich stehe im Meer des Lichts, das von Dir ausgeht, und in aller Stille schweb ich gelassenen Flugs über Berg und Tal zu Dir. – Ach, lasse alles sein, mache Deine lieben Augen zu, leb in mir einen Augenblick, vergesse, was zwischen uns liegt, die weiten Meilen und auch die lange Zeit. – Von da aus, wo ich Dich zum letztenmal sah, sehe mich an; – ständ ich doch vor Dir! – könnt ichs Dir deutlich machen! – Der tiefe Schauder, der mich schüttelt, wenn ich eine Weile der Welt mit zugesehen habe, wenn ich dann hinter mich sehe in die Einsamkeit und fühle, wie fremd mir alles ist: wie kömmts, daß ich dennoch grüne und blühe in dieser Öde? – Wo kömmt mir der Tau, die Nahrung, die Wärme, der Segen her? – von dieser Liebe zwischen uns, in der ich mich selbst so lieblich fühle. – Wenn ich bei Dir wär, ich wollte Dir viel wiedergeben für alles. – Es ist Beethoven, von dem ich Dir jetzt sprechen will und bei dem ich der Welt und Deiner vergessen habe; ich bin zwar unmündig, aber ich irre darum nicht, wenn ich ausspreche (was jetzt vielleicht keiner versteht und glaubt), er schreite weit der Bildung der ganzen Menschheit voran, und ob wir ihn je einholen? – ich zweifle; möge er nur leben, bis das gewaltige und erhabene Rätsel, was in seinem Geiste liegt, zu seiner höchsten Vollendung herangereift ist, ja möge er sein höchstes Ziel erreichen: gewiß, dann läßt er den Schlüssel zu einer himmlischen Erkenntnis in unseren Händen, die uns der wahren Seligkeit um eine Stufe näher rückt.

Vor Dir kann ichs wohl bekennen, daß ich an einen göttlichen Zauber glaube, der das Element der geistigen Natur ist: diesen Zauber übt Beethoven in seiner Kunst; alles, wessen er Dich darüber belehren kann, ist reine Magie, jede Stellung ist Organisation einer höheren Existenz und so fühlt Beethoven sich auch als Begründer einer neuen sinnlichen Basis im geistigen Leben; Du wirst wohl herausverstehen, was ich sagen will und was wahr ist. Wer könnte uns diesen Geist ersetzen? von wem könnten wir ein gleiches erwarten? — Das ganze menschliche Treiben geht wie ein Uhrwerk an ihm auf und nieder, er allein erzeugt frei aus sich das Ungeahnte, Unerschaffne: was sollte diesem auch der Verkehr mit der Welt, der schon vor Sonnenaufgang am heiligen Tagwerk ist und nach Sonnenuntergang kaum um sich sieht, der seines Leibes Nahrung vergißt und von dem Strom der Begeisterung im Flug an den Ufern des flachen Alltagslebens vorübergetragen wird? Er selber sagte: „Wenn ich die Augen aufschlage, so muß ich seufzen, denn was ich sehe, ist gegen meine Religion, und die Welt muß ich verachten, die nicht ahnt, daß Musik höhere Offenbarung ist als alle Weisheit und Philosophie; sie ist der Wein, der zu neuen Erzeugungen begeistert, und ich bin der Bacchus, der für die Menschen diesen herrlichen Wein keltert und sie geistestrunken macht; wenn sie dann wieder nüchtern sind, dann haben sie allerlei gefischt, was sie mit aufs Trockne bringen. — Keinen Freund hab ich, ich muß mit mir allein leben; ich weiß aber wohl, daß Gott mir näher ist wie den andern in meiner Kunst; ich gehe ohne Furcht mit ihm um, ich hab ihn jedesmal erkannt und verstanden, mir ist auch gar nicht bange um meine Musik, die kann kein bös

Schicksal haben; wem sie sich verständlich macht, der muß frei werden von all dem Elend, womit sich die andern schleppen." — Dies alles hat mir Beethoven gesagt, wie ich ihn zum erstenmal sah; mich durchdrang ein Gefühl von Ehrfurcht, wie er sich mit so freundlicher Offenheit gegen mich äußerte, da ich ihm doch ganz unbedeutend sein mußte; auch war ich verwundert, denn man hatte mir gesagt, er sei ganz menschenscheu und lasse sich mit niemand in ein Gespräch ein. Man fürchtete sich, mich zu ihm zu führen, ich mußte ihn allein aufsuchen; er hat drei Wohnungen, in denen er abwechselnd sich versteckt, eine auf dem Lande, eine in der Stadt und die dritte auf der Bastei: da fand ich ihn im dritten Stock; unangemeldet trat ich ein, er saß am Klavier; ich nannte meinen Namen, er war sehr freundlich und fragte, ob ich ein Lied hören wolle, was er eben komponiert habe; — dann sang er scharf und schneidend, daß die Wehmut auf den Hörer zurückwirkte: „Kennst du das Land?" — „Nicht wahr, es ist schön," sagte er begeistert, „wunderschön! ich wills noch einmal singen." Er freute sich über meinen heiteren Beifall. „Die meisten Menschen sind gerührt über etwas Gutes, das sind aber keine Künstlernaturen: Künstler sind feurig, die weinen nicht" sagte er. Dann sang er noch ein Lied von Dir, das er auch in diesen Tagen komponiert hatte: „Trocknet nicht, Tränen der ewigen Liebe." — Er begleitete mich nach Hause und unterwegs sprach er eben das viele Schöne über die Kunst, dabei sprach er so laut und blieb auf der Straße stehen, daß Mut dazu gehörte zuzuhören: er sprach mit großer Leidenschaft und viel zu überraschend, als daß ich nicht auch der Straße vergessen hätte; man war sehr verwundert, ihn mit mir in eine große Gesellschaft, die bei uns zum Diner war, eintreten zu sehen. Nach Tisch setzte er sich unaufgefordert ans Instrument und spielte lang und wunderbar, sein Stolz fermentierte zugleich mit seinem Genie; in solcher Aufregung erzeugt sein Geist das Unbegreifliche und seine Finger leisten das Unmögliche. – Seitdem kommt er alle Tage oder ich gehe zu ihm. Darüber versäume ich Gesellschaften, Galerien, Theater und sogar den Stephansturm. Beethoven sagt: „Ach, was wollen Sie da sehen! ich werde Sie abholen, wir gehen gegen Abend durch die Allee von Schönbrunn." Gestern ging ich mit ihm in einen herrlichen Garten in voller Blüte, alle Treibhäuser offen, der Duft war betäubend; Beethoven blieb in der drückenden Sonnenhitze stehen und sagte: „Goethes Gedichte behaupten nicht allein durch den Inhalt, auch durch den Rhythmus eine große Gewalt über mich; ich werde gestimmt und aufgeregt zum Komponieren durch diese Sprache, die wie durch Geister zu höherer Ordnung sich aufbaut und das Geheimnis der Harmonien schon in sich trägt. Da muß ich denn von dem Brennpunkt der Begeisterung die Melodie nach allen Seiten hin ausladen, ich verfolge sie, hole sie mit Leidenschaft wieder ein, ich sehe sie dahinfliehen, in der Masse verschiedener Aufregungen verschwinden, bald erfasse ich sie mit erneuter Leidenschaft, ich kann mich nicht von ihr trennen, ich muß mit raschem Entzücken in allen Modulationen sie vervielfältigen und im letzten Augenblick da triumphiere ich über den ersten musikalischen Gedanken: sehen Sie, das ist eine Symphonie; ja, Musik ist so recht die Vermittelung des geistigen Lebens zum sinnlichen. Ich möchte mit Goethe hierüber sprechen, ob er mich verstehen würde? – Melodie ist das sinnliche Leben der Poesie. Wird nicht der geistige Inhalt eines Gedichts zum sinnlichen Gefühl durch die Melodie? – empfindet man nicht in dem Lied der Mignon ihre ganze sinnliche Stimmung durch die Melodie? – und erregt diese Empfindung nicht wieder zu neuen Erzeugungen? – Da will der

Geist zu schrankenloser Allgemeinheit sich ausdehnen, wo alles in allem sich bildet zum Bett der Gefühle, die aus dem einfachen musikalischen Gedanken entspringen und die sonst ungeahnt verhallen würden; das ist Harmonie, das spricht sich in meinen Symphonien aus, der Schmelz vielseitiger Formen wogt dahin in einem Bett bis zum Ziel. Da fühlt man denn wohl, daß ein Ewiges, Unendliches, nie ganz zu Umfassendes in allem Geistigen liege, und obschon ich bei meinen Werken immer die Empfindung des Gelingens habe, so fühle ich einen ewigen Hunger, was mir eben erschöpft schien mit dem letzten Paukenschlag, mit dem ich meinen Genuß, meine musikalische Überzeugung den Zuhörern einteilte, wie ein Kind von neuem anzufangen. Sprechen Sie dem Goethe von mir, sagen Sie ihm, er soll meine Symphonien hören: da wird er mir recht geben, daß Musik der einzige unverkörperte Eingang in eine höhere Welt des Wissens ist, die wohl den Menschen umfaßt, daß er aber nicht sie zu fassen vermag. — Es gehört Rhythmus des Geistes dazu, um Musik in ihrer Wesenheit zu fassen: sie gibt Ahnung, Inspiration himmlischer Wissenschaften, und was der Geist sinnlich von ihr empfindet, das ist die Verkörperung geistiger Erkenntnis. — Obschon die Geister von ihr leben, wie man von der Luft lebt, so ist es noch ein anders, sie mit dem Geiste begreifen; — je mehr aber die Seele ihre sinnliche Nahrung aus ihr schöpft, je reifer wird der Geist zum glücklichen Einverständnis mit ihr. — Aber wenige gelangen dazu, denn so wie Tausende sich um der Liebe willen vermählen und die Liebe in diesen Tausenden sich nicht einmal offenbart, obschon sie alle das Handwerk der Liebe treiben, so treiben Tausende einen Verkehr mit der Musik und haben doch ihre Offenbarung nicht; auch ihr liegen die hohen Zeichen des Moralsinns zum Grund wie jeder Kunst: alle echte Erfindung ist ein moralischer Fortschritt. — Sich selbst ihren unerforschlichen Gesetzen unterwerfen, vermöge dieser Gesetze den eignen Geist bändigen und lenken, daß er ihre Offenbarungen ausströme: das ist das isolierende Prinzip der Kunst; von ihrer Offenbarung aufgelöst werden, das ist die Hingebung an das Göttliche, was in Ruhe seine Herrschaft an dem Rasen ungebändigter Kräfte übt und so der Phantasie die höchste Wirksamkeit verleihet. So vertritt die Kunst allemal die Gottheit und das menschliche Verhältnis zu ihr ist Religion; was wir durch die Kunst erwerben, das ist von Gott, göttliche Eingebung, die den menschlichen Befähigungen ein Ziel steckt, was er erreicht.

Wir wissen nicht, was uns Erkenntnis verleihet; das fest verschlossene Samenkorn bedarf des feuchten, elektrisch warmen Bodens, um zu treiben, zu denken, sich auszusprechen. Musik ist der elektrische Boden, in dem der Geist lebt, denkt, erfindet. Philosophie ist ein Niederschlag ihres elektrischen Geistes; ihre Bedürftigkeit, die alles auf ein Urprinzip gründen will, wird durch sie gehoben; obschon der Geist dessen nicht mächtig ist, was er durch sie erzeugt, so ist er doch glückselig in dieser Erzeugung; so ist jede echte Erzeugung der Kunst unabhängig, mächtiger als der Künstler selbst, kehrt durch ihre Erscheinung zum Göttlichen zurück und hängt nur darin mit dem Menschen zusammen, daß sie Zeugnis gibt von der Vermittlung des Göttlichen in ihm.

Musik gibt dem Geist die Beziehung zur Harmonie. Ein Gedanke, abgesondert, hat doch das Gefühl der Gesamtheit der Verwandtschaft im Geist; so ist jeder Gedanke in der Musik in innigster, unteilbarster Verwandtschaft mit der Gesamtheit der Harmonie, die Einheit ist.

Alles Elektrische regt den Geist zu musikalischer, fließender, ausströmender Erzeugung.

Ich bin elektrischer Natur. – Ich muß abbrechen mit meiner unerweislichen Weisheit, sonst möchte ich die Probe versäumen; schreiben Sie an Goethe von mir, wenn Sie mich verstehen, aber verantworten kann ich nichts und will mich auch gern belehren lassen von ihm." – Ich versprach ihm, so gut ichs begreife, Dir alles zu schreiben. – Er führte mich zu einer großen Musikprobe mit vollem Orchester, da saß ich im weiten, unerhellten Raum in einer Loge ganz allein; einzelne Streiflichter stahlen sich durch Ritzen und Astlöcher, in denen ein Strom bunter Lichtfunken hin- und hertanzte wie Himmelsstraßen, mit seligen Geistern bevölkert.

Da sah ich denn diesen ungeheuren Geist sein Regiment führen. O Goethe! kein Kaiser und kein König hat so das Bewußtsein seiner Macht und daß alle Kraft von ihm ausgehe, wie dieser Beethoven, der eben noch im Garten nach einem Grund suchte, wo ihm denn alles herkomme; verstünd ich ihn, so wie ich ihn fühle, dann wüßt ich alles. Dort stand er so fest entschlossen, seine Bewegungen, sein Gesicht drückten die Vollendung seiner Schöpfung aus, er kam jedem Fehler, jedem Mißverständnis zuvor, kein Hauch war willkürlich, alles war durch die großartige Gegenwart seines Geistes in die besonnenste Tätigkeit versetzt. – Man möchte weissagen, daß ein solcher Geist in späterer Vollendung als Weltherrscher wieder auftreten werde.

Gestern abend schrieb ich noch alles auf, heute morgen las ichs ihm vor, er sagte: „Hab ich das gesagt? – nun dann hab ich einen Raptus gehabt"; er las es noch einmal aufmerksam und strich das oben aus und schrieb zwischen die Zeilen, denn es ist ihm drum zu tun, daß Du ihn verstehst.

Erfreue mich nun mit einer baldigen Antwort, die dem Beethoven beweist, daß Du ihn würdigst. Es war ja immer unser

Plan, über Musik zu sprechen, ja ich wollte auch, aber durch Beethoven fühl ich nun erst, daß ich der Sache nicht gewachsen bin.

Bettine.

Dein Brief, herzlich geliebtes Kind, ist zur glücklichen Stunde an mich gelangt, Du hast Dich brav zusammengenommen, um mir eine große und schöne Natur in ihren Leistungen wie in ihrem Streben, in ihren Bedürfnissen wie in dem Überfluß ihrer Begabtheit darzustellen; es hat mir großes Vergnügen gemacht, dies Bild eines wahrhaft genialen Geistes in mich aufzunehmen; ohne ihn klassifizieren zu wollen, gehört doch ein psychologisches Rechenkunststück dazu, um das wahre Fazit der Übereinstimmung da herauszuziehen; indessen fühle ich keinen Widerspruch gegen das, was sich von Deiner raschen Explosion erfassen läßt; im Gegenteil möchte ich Dir für einen innern Zusammenhang meiner Natur mit dem, was sich aus diesen mannigfaltigen Äußerungen erkennen läßt, einstweilen einstehen; der gewöhnliche Menschenverstand würde vielleicht Widersprüche darin finden, was aber ein solcher vom Dämon Besessener ausspricht, davor muß ein Laie Ehrfurcht haben und es muß gleich viel gelten, ob er aus Gefühl oder aus Erkenntnis spricht, denn hier walten die Götter und streuen Samen zu künftiger Einsicht, von der nur zu wünschen ist, daß sie zu ungestörter Ausbildung gedeihen möge; bis sie indessen allgemein werde, da müssen die Nebel vor dem menschlichen Geist sich erst teilen. Sage Beethoven das Herzlichste von mir und daß ich gern Opfer bringen würde, um seine persönliche Bekanntschaft zu haben, wo denn ein Austausch von Gedanken und Empfindungen gewiß den schönsten Vorteil brächte; vielleicht vermagst Du so viel über ihn, daß er sich zu einer Reise nach Karlsbad bestimmen läßt, wo ich doch beinah jedes Jahr hinkomme und die beste Muße haben würde, von ihm zu hören und zu lernen; ihn belehren zu wollen, wäre wohl selbst von Einsichtigern als ich Frevel, da ihm sein Genie vorleuchtet und ihm oft wie durch einen Blitz Hellung gibt, wo wir im Dunkel sitzen und kaum ahnen, von welcher Seite der Tag anbrechen werde.

Sehr viel Freude würde es mir machen, wenn Beethoven mir die beiden komponierten Lieder von mir schicken wollte, aber hübsch deutlich geschrieben; ich bin sehr begierig sie zu hören, es gehört mit zu meinen erfreulichsten Genüssen, für die ich sehr dankbar bin, wenn ein solches Gedicht früherer Stimmung mir durch eine Melodie (wie Beethoven ganz richtig erwähnt) wieder aufs neue versinnlicht wird.

Schließlich sage ich Dir noch einmal den innigsten Dank für Deine Mitteilungen und Deine Art mir wohlzutun, da Dir alles so schön gelingt, da Dir alles zu belehrendem, freudigem Genuß wird; welche Wünsche könnten da noch hinzugefügt werden, als daß es ewig so fortwähren möge, ewig auch in Beziehung auf mich, der den Vorteil nicht verkennt, zu Deinen Freunden gezählt zu werden. Bleibe mir daher, was Du mit so großer Treue warst, sooft Du auch den Platz wechseltest und sich die Gegenstände um Dich her veränderten und verschönerten...

Am 6. Juni 1810.   G.

Liebster Freund! dem Beethoven hab ich Deinen schönen Brief mitgeteilt, so weit es ihm anging; er war voll Freude und rief: „Wenn ihm jemand Verstand über Musik beibringen kann, so bin ichs." Die Idee, Dich in Karlsbad aufzusuchen, ergriff er mit Begeisterung, er schlug sich vor den Kopf und sagte: „Konnte ich das nicht schon früher getan haben? — aber wahrhaftig, ich hab schon daran gedacht, ich habs aus Timidität unterlassen, die neckt mich manchmal, als ob ich kein rechter Mensch wär, aber vor dem Goethe fürcht ich mich nun nicht mehr." — Rechne daher darauf, daß Du ihn im nächsten Jahr siehst.

Friedrich Treitschke.

Es war Ende 1804, als Freiherr von Braun, der neue Eigentümer des k. k. privilegierten Theaters an der Wien, dem eben in voller Jugendkraft stehenden Ludwig van Beethoven antrug, eine Oper für jene Bühne zu schreiben. Durch das Oratorium: „Christus am Ölberge" hegte man den Glauben, daß der Meister auch für darstellende Musik, wie seither für Instrumente, Großes zu leisten imstande sei. Außer einem Honorare bot man ihm freie Wohnung im Theatergebäude. Joseph Sonnleithner übernahm die Besorgung des Textes und wählte das französische Buch: „L'amour conjugal", obgleich es schon mit Musik von Gaveaux versehen, auch italienisch als „Leonora" von Paer komponiert, nach beiden Bearbeitungen aber in das Deutsche übersetzt war. Beethoven fürchtete seine Vorgänger nicht und ging mit Lust und Liebe an die Arbeit, die Mitte 1805 ziemlich zum Ende gelangte. Indessen zeigten sich für die Aufführung beträchtliche Schwierigkeiten. Nur die weiblichen Rollen konnte man durch Demoiselle Milder und Müller genügend besetzen, die Männer ließen desto mehr zu wünschen übrig. Es erschienen ferner manche Mängel in der Einrichtung des Textes, denen doch nicht abgeholfen wurde; — aus der Ferne wälzte sich aber das Ungewitter eines Krieges gegen Wien und raubte den Zuschauern die zum Genusse eines Kunstwerkes erforderliche Ruhe. Doch ebendeswegen bot man das möglichste auf, die sparsam besuchten Räume des Hauses zu beleben. „Fidelio" sollte das Beste tun und so ging die Oper unter keineswegs glücklicher

Konstellation am 20. November in Szene. Mit Bedauern empfanden wir, daß das Werk seiner Zeit vorausgeeilt war und von Freunden und Feinden wenig begriffen wurde. Man gab es nur drei Tage nacheinander und unterließ die Wiederholung bis zum 29. März 1806. Einige unwesentliche Veränderungen, z. B. die, daß das Vorhandene in zwei, statt in drei Aufzüge geteilt war, konnten die bestehende ungünstige Meinung nicht vertilgen. Noch einmal, am 10. April, wurde es gegeben und dann dem Staube der Theaterbibliothek überantwortet. Einige gleichzeitige Versuche damit auf Provinzbühnen hatten keinen bessern Erfolg.

Acht volle Jahre später erhielten die Inspizienten der k. k. Hofoper, Saal, Vogl und Weinmüller, eine Vorstellung zu ihrem Vorteile, wobei ihnen die Wahl eines Werkes ohne Kosten überlassen blieb. Das Auffinden war schwierig genug. Neue deutsche Kompositionen lagen nicht vorrätig, ältere versprachen keinen besonderen Gewinn. Die letzten französischen Opern hatten, wie im Werte, so in der Beliebtheit verloren und den Darstellern fehlte der Mut, sich als Sänger allein in die italienischen Werke zu stürzen, was doch wenige Jahre darauf selbstmörderisch geschah. Inmitten dieser Verlegenheiten gedachte man „Fidelios" und ging Beethoven um die Herleihung an, der mit größter Uneigennützigkeit sich bereit erklärte, jedoch zuvor viele Veränderungen ausdrücklich bedingte. Zugleich schlug er meine Wenigkeit zu dieser Arbeit vor. Ich hatte seit einiger Zeit seine nähere Freundschaft erlangt und mein doppeltes Amt als Opernrichter und Regisseur machte mir seinen Wunsch zur teuren Pflicht. Mit Sonnleithners Erlaubnis nahm ich zuerst den Dialog vor, schrieb ihn fast neu, möglichst kurz und bestimmt, ein bei Singspielen stets nötiges Erfordernis. Ferner war es mir früher als ein großer Übelstand erschienen, daß der zweite Aufzug durchaus im finstern Kerker spielte, in den höchst unpassend zuletzt der Minister, sein Gefolge und das ganze Volk kamen und dort beim Scheine einiger Fackeln Florestans Befreiung feierten. Der Schwierigkeit, daß die steinerne Bank, das Grab usw. sich auf der Bühne befanden, begegnete ich dadurch, daß ich alles kurzweg unter die Erde ziehen ließ; denn in dem Augenblick, wo Wände nach oben und den Seiten verschwinden, dürfen Versetzstücke und Requisiten sicher den Weg zur Tiefe einschlagen. (Ein gleiches möchte ich bei vielen anderen Gelegenheiten empfehlen; gewiß ist es schicklicher, als daß Bediente oder verkleidete Theatergehilfen zum Wegräumen vortreten.) Der Schluß spielte bei mir in Tageshelle auf einem heiteren grünen Platze des Schlosses. Hier marschierten zuerst die Wachen auf; der Minister nahete mit zahlreichem Gefolge; die Staatsgefangenen, von Jaquino geführt, fielen vor Don Fernando nieder; das Volk aber drängte sich durch das offene Tor und so begann ein Chor als Anfang des neuen Finals, das sich erst bei den Worten: „Bestrafet sei der Bösewicht" an die vorige Musik anschloß. Sonst hatte ich Folgendes verändert. Der ganze erste Aufzug war in einen freien Hofraum verlegt. Das Duett: „Jetzt, Schätzchen" usw. wurde meine Introduktion. Marzelline sang die erste Arie als zweite Nummer allein. Später kamen die Wachen mit einem neu komponierten Marsche. Leonorens Arie erhielt eine andere Einleitung und nur der letzte Satz: „O du, für den ich alles trug" blieb. Die kommende Szene und ein Duett im alten Buche riß Beethoven aus der Partitur: erstere sei unnötig, letzteres ein Konzertstück; ich mußte ihm beistimmen, es galt das Ganze zu retten. Nicht besser ging es einem kleinen darauffolgenden Terzette zwischen Rocco, Marzelline und Jaquino: alles war handlungsleer und hatte kalt gelassen. Neuer Dialog sollte das folgende erste Finale besser motivieren. Auf einen anderen Schluß desselben drang mein Freund wieder mit Recht. Ich projektierte manches, am Ende wurden wir einig, die Wiederkehr der Gefangenen auf Pizarros Befehl und ihre Klage bei der Rückkehr in den Kerker zusammenzustellen.

Der zweite Aufzug bot gleich anfänglich eine große Schwierigkeit. Beethoven seinerseits wünschte den armen Florestan durch eine Arie auszuzeichnen, ich aber äußerte mein Bedenken, daß ein dem Hungertode fast Verfallener unmöglich Bravour singen dürfe. Wir tichteten dieses und jenes; zuletzt traf ich nach seiner Meinung den Nagel auf den Kopf. Ich schrieb Worte, die das letzte Aufflammen des Lebens vor seinem Erlöschen schildern:

„Und spür ich nicht linde, sanft säuselnde Luft
Und ist nicht mein Grab mir erhellet?
Ich seh, wie ein Engel im rosigen Duft
Sich tröstend zur Seite mir stellet:
Ein Engel, Leonoren, der Gattin, so gleich! —
Der führt mich zur Freiheit, — ins himmlische Reich!"

Was ich nun erzähle, lebt ewig in meinem Gedächtnisse. Beethoven kam abends gegen sieben Uhr zu mir. Nachdem wir anderes besprochen hatten, erkundigte er sich, wie es mit der Arie stehe. Sie war eben fertig, ich reichte sie ihm. Er las, lief im Zimmer auf und ab, murmelte, brummte, wie er gewöhnlich statt zu singen tat — und riß das Fortepiano auf. Meine Frau hatte ihn oft vergeblich gebeten, zu spielen; — heute legte er den Text vor sich und begann wunderbare Phantasien, die leider kein Zaubermittel festhalten konnte. Aus ihnen schien er das Motiv der Arie zu beschwören. Die Stunden schwanden, aber Beethoven phantasierte fort. Das Nachtessen, welches er mit uns teilen wollte, wurde aufgetragen, aber — er ließ sich nicht stören. Spät erst umarmte er mich und, auf das Mahl verzichtend, eilte er nach Hause. Tages darauf war das treffliche Musikstück fertig.

Fast alles übrige im zweiten Akte beschränkt sich auf Abkürzungen und veränderte Verse. Ich denke, daß eine sorgsame Vergleichung beider gedruckten Texte meine Gründe rechtfertigen werde. Das grandiose Quartett: „Es sterbe" usw. wurde von mir durch eine kurze Pause unterbrochen, in der Jaquino mit anderen Leuten die Ankunft des Ministers meldet und die Vollführung des Mordes unmöglich macht, indem er Pizarro abruft. Nach dem nächsten Duette holte Rocco Florestan und Leonore zum Minister ab. Die Szene der Befreiung als zweites Finale beschrieb ich schon.

Sobald — gegen Ende März — das Buch beisammen war, sandte ich es Beethoven in Abschrift und als ehrendes Zeugnis schrieb er mir ein paar Tage darauf, was Ihr hier sehet:

„Lieber, werter Treitschke!

Mit großem Vergnügen habe ich Ihre Verbesserungen der Oper gelesen. Es bestimmt mich, die verödeten Ruinen eines alten Schlosses wieder aufzubauen.

Ihr Freund

Beethoven."

Die Benefizianten trieben an der Beendigung, um die günstigere Jahreszeit zu benützen; Beethoven aber kam nur langsam vorwärts. Als ich ihn ebenfalls schriftlich bat, entgegnete er ebenso:

„Die ganze Sache mit der Oper ist die mühsamste von der Welt. Ich bin mit dem meisten unzufrieden und — es ist beinahe kein Stück, woran ich nicht hier und da — meiner jetzigen Unzufriedenheit einige Zufriedenheit hätte anflicken müssen. Das ist aber ein großer Unterschied zwischen dem Falle, sich dem freien Nachdenken oder der Begeisterung überlassen zu können."

Mitte April fingen die Proben an, obwohl noch manches fehlte. Für den 23. Mai wurde die Vorstellung angekündigt; Tages zuvor war die Hauptprobe, aber die versprochene neue Ouvertüre (in E-dur) befand sich noch in der Feder des Schöpfers. Man bestellte das Orchester zur Probe am Morgen der Aufführung. Beethoven kam nicht. Nach langem Warten fuhr ich zu ihm, ihn abzuholen, aber — er lag im Bette, fest schlafend, neben ihm stand ein Becher mit Wein und Zwieback darin, die Bogen der Ouvertüre waren über das Bett und die Erde zerstreut. Ein ganz ausgebranntes Licht bezeugte, daß er tief in die Nacht gearbeitet hatte. Die Unmöglichkeit der Beendigung war entschieden: man nahm für diesmal seine Ouvertüre aus „Prometheus" und bei der Ankündigung, wegen eingetretener Hindernisse müsse für heute die neue Ouvertüre wegbleiben, erriet die zahlreiche Versammlung ohne Mühe den triftigen Grund.

Was weiter erfolgte, wisset Ihr. Die Oper war trefflich eingeübt, Beethoven dirigierte, sein Feuer riß ihn oft aus dem Takte, aber Kapellmeister Umlauf lenkte hinter seinem Rücken alles zum besten mit Blick und Hand. Der Beifall war groß und stieg mit jeder Vorstellung. Die siebente, am 18. Juli, wurde Beethoven zum Vorteile statt eines Honorars überlassen. In diese legte er zu größerer Zugkraft zwei Musikstücke, ein Lied für Rocco und eine größere Arie für Leonore; da sie aber den raschen Gang des übrigen hemmten, blieben sie wieder aus. Die Einnahme war auch diesmal sehr gut.

Auswärtigen Bühnen trug ich nach seinem Willen unsere Arbeit an. Mehrere bestellten sie, andere schrieben ab, da sie schon im Besitze der Oper von Paer wären. Noch viele andere zogen es vor, auf wohlfeilerem Wege durch hinterlistige Abschreiber sich zu versehen, die, wie noch gebräuchlich, Text und Musik stahlen und mit einigen Gulden Gewinn verschleuderten. Es brachte uns wenig Nutzen und Dank, daß man „Fidelio" in mehre Sprachen übersetzte und große Summen damit gewann. Dem Tondichter blieb kaum mehr — als ein reicher Lorbeerkranz, mir aber vielleicht ein kleines Blatt davon und jedenfalls des Unsterblichen innigste Anhänglichkeit.

Ignaz Moscheles.

Im Jahre 1809 endigte der Unterricht bei meinem Lehrer Weber und weil ich damals auch vaterlos war, wählte ich Wien zu meinem Aufenthalt, um mich auf meine künftige musikalische Laufbahn vorzubereiten. Vor allem sehnte ich mich, den Mann zu sehen und mich mit ihm zu befreunden, der einen so mächtigen Einfluß auf mein ganzes Sein ausgeübt hatte, den ich, obschon ich ihn kaum verstand, blind verehrte. Ich erfuhr, daß bei Beethoven sehr schwer anzukommen sei und daß er außer Ries keine Schüler annehme, und während langer Zeit blieb mein Verlangen, ihn zu sehen, unbefriedigt. Im Jahre 1810 aber zeigte sich endlich die langersehnte Gelegenheit von selbst. Ich befand mich eines Morgens gerade in dem Musikladen von Domenico Artaria, wo gerade einige meiner ersten Kompositionsversuche veröffentlicht worden waren, als ein Mann mit kurzen und hastigen Schritten hereintrat und durch den Kreis von Damen und Musikern, die in Geschäften anwesend waren oder über musikalische Angelegenheiten sprachen, ohne aufzusehen, hindurchgehend, als ob er unbemerkt zu sein wünschte, direkt seine Schritte nach Artarias Privatbureau im Hintergrunde des Ladens richtete. Gleich darauf rief mich Artaria herein und sagte: „Dies ist Beethoven" und zu dem Komponisten: „Dies ist der junge Mann, von welchem ich Ihnen schon gesprochen habe." Beethoven nickte mir freundlich zu und sagte, er habe soeben eine günstige Schilderung von mir gehört. Auf einige bescheidene und demütige Worte, die ich hervorstammelte, gab er keine Antwort und schien die Unterhaltung abbrechen zu wollen. Ich stahl mich fort mit noch größerer Sehnsucht nach dem, was ich gesucht, als ich vor dieser Zusammenkunft gefühlt hatte, und dachte bei mir: „Bin ich denn wirklich so unbedeutend, daß er nicht einmal eine Frage über Musik an mich richten konnte noch einen Wunsch aussprechen, um zu erfahren, wer mein Lehrer war oder ob ich einige Kenntnis von seinen Werken hätte?" Die einzige befriedigende Art, die Sache zu erklären und mich für diese Nichtbeachtung zu trösten, war in Beethovens Anlage zur Taubheit zu finden; denn ich hatte gesehen, daß Artaria ihm ganz dicht ins Ohr sprach.

Ich nahm mir jedoch vor, je mehr ich ausgeschlossen war von dem Privatverkehr, den ich so ernstlich begehrt hatte, desto eifriger Beethoven in allen Produktionen seines Geistes zu folgen. Ich versäumte nie die Schuppanzighschen Quartette, bei welchen er oft zugegen war, oder die entzückenden Konzerte im Augarten, wo er seine eigenen Symphonien dirigierte. Ich hörte ihn auch zu verschiedenen Malen spielen, was er aber nur selten tat, weder in Privatkreisen noch öffentlich. Die Produktionen, die den dauerndsten Eindruck auf mich machten, waren seine Fantasie mit Orchesterbegleitung und Chor und sein Konzert in C-moll. Ich traf ihn auch manchmal in den Häusern der Herren Zmeskall und Zizius, zwei seiner Freunde, durch deren musikalische Zusammenkünfte Beethovens Werke zuerst zur öffentlichen Aufmerksamkeit gelangten; doch anstatt näherer Bekanntschaft mit dem großen Manne hatte ich mich meistens mit einem fernen Gruß von seiner Seite zu begnügen.

Als im Jahre 1814 Artaria es unternahm, einen Klavierauszug von Beethovens „Fidelio" herauszugeben, fragte er den

Komponisten, ob ich ihn anfertigen dürfe. Beethoven willigte ein unter der Bedingung, daß er jedes einzelne Stück meiner Bearbeitung zu sehen bekomme, ehe es den Händen des Stechers übergeben werde. Nichts konnte mir willkommener sein, da ich dieses als eine längst ersehnte Gelegenheit ansah, mich dem großen Manne mehr zu nähern und durch seine Bemerkungen und Verbesserungen Vorteil zu gewinnen. Während meiner häufigen Besuche, deren Zahl ich durch alle möglichen Entschuldigungen zu vervielfältigen trachtete, behandelte er mich mit der gütigsten Nachsicht. Obgleich seine wachsende Taubheit ein bedeutendes Hindernis bei unserer Unterhaltung war, gab er mir dennoch viel belehrende Winke und spielte mir selbst solche Teile, die er auf besondere Weise für das Klavier gesetzt zu haben wünschte, vor. Ich hielt es indessen für Pflicht, seine Güte nicht zu sehr auf die Probe zu stellen, indem ich ihn durch meine fortwährenden Besuche seiner kostbaren Zeit beraubte. Aber ich sah ihn oft bei Mälzel, wo er sich gerne über die verschiedenen Pläne und Modelle für einen Metronomen, welchen der letztere verfertigen wollte, und über die „Schlacht von Vittoria", die er auf Mälzels Anregung schrieb, besprach. Obgleich ich Herrn Schindler kannte und wußte, daß er in dieser Zeit viel bei Beethoven war, nutzte ich meine Bekanntschaft mit ihm nicht in der Absicht aus, mich dem Komponisten aufzudrängen. Ich erwähne diese Umstände, um zu zeigen, wie schwer zugänglich dieser außerordentliche Mann war und wie er jede musikalische Unterhaltung vermied; denn mit seinem eigenen Schüler Ries mochte er sich selten in Erörterungen einlassen! In meinem späteren Verkehr mit ihm gab er mir nur lakonische Antworten auf künstlerische Fragen und machte über den Charakter seiner eigenen Werke nur so gedrängte Bemerkungen, daß es alle meine Einbildungskraft und Kombinationsgabe erforderte, um herauszubringen, was

er hatte sagen wollen. Die Ungeduld, die seine Taubheit naturgemäß begleitete, hat unzweifelhaft seine angeborene Zurückhaltung im späteren Teile seines Lebens vermehrt.
Bei folgenden Besuchen in Wien, nachdem ich mich in London niedergelassen hatte, im Jahre 1821 empfing mich Beethoven mit vermehrter Herzlichkeit, und daß er auf mich als Freund rechnete, wird, denke ich, dadurch bewiesen, daß er mich während seiner letzten Krankheit mit einer wichtigen Sendung an die Londoner Philharmonische Gesellschaft betraute.

Es versteht sich von selbst, daß der große Beethoven der Gegenstand meiner heiligsten Verehrung war. Bei meiner hohen Meinung von ihm konnte ich es nicht begreifen, wie die Damen der Wiener Gesellschaft den Mut fanden, ihn zu ihren musikalischen Vorführungen einzuladen und ihm seine Kompositionen vorzuspielen. Ihm muß es aber gefallen haben; denn er war damals oft in solchen Abendunterhaltungen anzutreffen. Sein unseliges Gehörleiden mochte ihm schon damals das Selbstspielen verkümmern und so vertraute er diesen Frauenhänden seine neuen Kompositionen an. Wie erstaunte ich aber erst, als ich eines Tages beim Hofkapellmeister Salieri, den ich nicht zu Hause traf, einen Zettel auf dem Tische liegen sah, auf welchem in Lapidarschrift zu lesen war: „Der Schüler Beethoven war da!" Das gab mir zu denken. Ein Beethoven kann noch von einem Salieri lernen? Um wieviel mehr ich. Salieri war der Schüler und wärmste Verehrer Glucks gewesen, nur Mozart und seine Werke wollte er nicht gelten lassen, das wußte man. Aber dennoch ging ich zu ihm, wurde sein Schüler, auch drei Jahre lang sein Adjunkt in der Oper und erhielt dadurch die Befugnis, alle Theater unentgeltlich zu besuchen. Es war ein heiteres, vielbewegtes Leben in dem lieben Wien.

Als ich früh zu Beethoven kam, lag er noch im Bette; er war heute besonders lustig, sprang gleich heraus und stellte sich, so wie er war, ans Fenster, das auf die Schottenbastei ging, um die arrangierten Stücke durchzusehen. Natürlich versammelte sich die liebe Straßenjugend unter dem Fenster, bis er ausrief: „Die verd..... Jungen, was sie nur wollen?" Ich deutete lächelnd auf ihn. „Ja, ja, Sie haben recht!" rief er jetzt und warf rasch einen Schlafrock über.

Als wir an das große letzte Duett „Namenlose Freude" kamen und ich den Text: „Ret=terin des Gat=ten" untergelegt hatte, strich er es aus und schrieb: „Rett=erin des Gatt=en", denn auf t könne man nicht singen. Unter das letzte Stück hatte ich „Fine mit Gottes Hilfe" geschrieben. Er war nicht zu Hause, als ich es hintrug, und als er es mir zurückschickte, stand darunter: „O Mensch, hilf dir selber!"

An der Haustür angelangt, fiel mirs schwer aufs Herz, wie menschenscheu Beethoven sei, und ich bat den Bruder, unten zu warten, während ich erst sondierte. Als ich nun nach kurzer Begrüßung Beethoven fragte: „Darf ich Ihnen meinen Bruder zuführen?" erwiderte er hastig: „Wo ist denn der?" „Unten!" war die Antwort. „Was? unten?" rief er noch hastiger, lief die Treppe hinunter, packte meinen erschrockenen Bruder am Arm und schleppte ihn bis mitten in sein Zimmer hinein, wo er ausrief: „Bin ich denn so barbarisch roh und unzugänglich?" Dann zeigte er große Freundlichkeit für meinen Bruder. Leider konnten wir seiner Taubheit halber nur schriftlich mit ihm reden.

Karl August Varnhagen von Ense an Ludwig Uhland.

Prag, 23. Dezember 1811.

Die letzten Tage im Ausgang des Sommers lernt' ich in Teplitz Beethoven kennen und fand in dem als wild und un=

*4. Kupferstich von Blasius Höfel
nach der Zeichnung von Louis Letronne (1814).*

gesellig verrufenen Mann den herrlichen Künstler von goldenem Gemüt, großartigem Geist und gutmütiger Freundlichkeit. Was er Fürsten hartnäckig abgeschlagen hatte, gewährte er uns beim ersten Sehen, er spielte auf dem Fortepiano. Ich war bald mit ihm vertraut und sein edler Charakter, das ununterbrochene Ausströmen eines göttlichen Hauchs, das ich in seiner übrigens sehr stillen Nähe immer mit heiliger Ehrfurcht zu empfinden glaubte, zogen mich so innig an ihn, daß ich tagelang der Unbequemlichkeit seines Umganges, der durch sein schweres Gehör bald ermüdend wird, nicht achtete und besonders die letzten Tage nur mit ihm und seinem Freunde Oliva, einem der besten Menschen, den Kerner auch gekannt hat, zubrachte. Wüßt' ich es nicht durch unverwerfliche Zeugnisse, daß Beethoven der größte, tiefsinnigste und reichste der deutschen Tonkünstler ist, so hätte der Anblick seines Wesens es mir, sonst in der Musik ganz Unkundigen, unwidersprechlich dargetan. Er lebt nur für seine Kunst und keine irdische Leidenschaft entstellt ihre Ausübung bei ihm, unglaublich fleißig und fruchtbar ist er. Er sucht das Weite auf seinen Spaziergängen und auf einsamen Wegen zwischen Bergen und im Wald, beruhigt in die großen Züge der Natur blickend, denkt er Töne, freut er sich seines eigenen Herzens. Ich erwähne solcherlei, damit Du ja nicht versuchen mögest, ihn mit irgendeinem andern Musiker zu vergleichen, sondern ihn bestimmt absondern mögest. Könnte ich Dir sagen, wie schön, wie rührend fromm und ernst, als küsse ihn ein Gott, der Mann aussah, als er uns auf dem Fortepiano himmlische Variationen vorspielte, die so reines Erzeugnis eines waltenden Gottes waren, daß der Künstler sie dem Verhallen überlassen mußte und, wie gern er auch gewollt, sie nicht auf dem Papier festhalten konnte! Diesem nun, mein teurer Freund, habe ich alle Deine Gedichte, die abzuschreiben leider nicht

Zeit war, auf sein Begehren geschenkt und Du kannst hoffen, bald einen Teil davon komponiert zu sehn. Ich freue mich dabei, als wären sie von mir.

Karl August Varnhagen von Ense.

Der Kapellmeister Himmel, dieser wüste Sonderling, der fast nur noch behaglichem Champagnerrausch und trostloser Nüchternheit lebte, ließ uns im Golzischen Hause und bei Clarys, wie auch später in einem Konzert, sein Fortepianospiel hören, das auch heute noch nach dem Urteil der Kenner in den neueren großen Fortschritten dieser Kunstübung keineswegs verdunkelt sein würde... Doch in derselben Zeit war ich mit einem Musiker bekannt geworden, gegen welchen mir jene ganz in den Schatten traten. Es war Beethoven, dessen Anwesenheit wir schon lange wußten, aber niemand hatte ihn noch gesehen. Seine Harthörigkeit machte ihn menschenscheu und seine Eigenheiten, die sich in der Absonderung nur immer schroffer ausbildeten, erschwerten und kürzten bald wieder den wenigen Umgang, auf den ihn der Zufall etwa stoßen ließ. Er hatte aber im Schloßgarten auf seinen einsamen Streifereien einigemal Rahel gesehen und ihr Gesichtsausdruck, der ihn an ähnliche, ihm werte Züge erinnerte, war ihm aufgefallen. Ein liebenswürdiger junger Mann, namens Oliva, der ihn als treuer Freund begleitete, vermittelte leicht die Bekanntschaft. Was Beethoven den dringendsten Bitten hartnäckig versagte, was in einem schrecklichen Falle, als in Wien ein Fürst ihn zwingen, körperlich zwingen wollte, seinen Gästen vorzuspielen, ihm keine Gewalt abtrotzen gekonnt, das gewährte er jetzt gern und reichlich: er setzte sich zum Fortepiano und spielte seine noch unbekannten neuesten Sachen oder erging sich in freien Phantasien. Mich sprach der Mensch in ihm noch weit stärker an als der Künstler und da zwischen

Oliva und mir bald enge Freundschaft entstand, so war ich auch mit Beethoven täglich zusammen und gewann zu ihm noch nähere Beziehung durch die von ihm begierig aufgefaßte Aussicht, daß ich ihm Texte zur dramatischen Komposition liefern oder verbessern könnte. Daß Beethoven ein heftiger Franzosenhasser und Deutschgesinnter war, ist bekannt und auch in dieser Richtung standen wir uns gut zusammen.

Xaver Schnyder von Wartensee an Hans Georg Nägeli.
Wien, 17. Dezember 1811.

Von Beethoven wurde ich äußerst gut empfangen und war schon einigemal bei ihm. Er ist ein höchst sonderbarer Mann. Große Gedanken schweben in seiner Seele, die er aber nicht anders als durch Noten zu äußern vermag; Worte stehen ihm nicht zu Gebote. Seine ganze Bildung ist vernachlässigt und seine Kunst ausgenommen ist er roh, aber bieder und ohne Falschheit: er sagt geradezu von der Leber weg, was er denkt. In seiner Jugend und noch jetzt hatte er viel mit Widerwärtigkeiten zu kämpfen; dieses machte ihn launisch, finster. Über Wien schimpft er und wünscht fortzugehen. „Vom Kaiser bis auf den Schuhputzer", sagte er, „sind alle Wiener nichts wert." Ich fragte ihn, ob er keine Schüler annehme. Nein, antwortete er, dieses sei eine verdrießliche Arbeit; er habe nur einen, der ihm sehr viel zu schaffen mache und den er sich gern vom Halse schaffen möchte, wenn er könnte. „Wer ist denn dieser?" — „Der Erzherzog Rudolf."

Goethe an seine Frau.
Teplitz, 19. Juli 1812.

Sage Prinz Friedrich Durchlaucht, daß ich nicht mit Beethoven sein kann, ohne zu wünschen, daß es im goldenen Strauß geschehen möge. Zusammengefaßter, energischer, inniger habe ich noch keinen Künstler gesehen. Ich begreife recht gut, wie er gegen die Welt wunderlich stehen muß.

Goethe an Karl Friedrich Zelter.
Karlsbad, 2. September 1812.

Beethoven habe ich in Teplitz kennen gelernt. Sein Talent hat mich in Erstaunen gesetzt; allein er ist leider eine ganz ungebändigte Persönlichkeit, die zwar gar nicht unrecht hat, wenn sie die Welt detestabel findet, aber sie freilich dadurch weder für sich noch für andere genußreicher macht. Sehr zu entschuldigen ist er hingegen und sehr zu bedauern, da ihn sein Gehör verläßt, was vielleicht dem musikalischen Teil seines Wesens weniger als dem geselligen schadet. Er, der ohnehin lakonischer Natur ist, wird es nun doppelt durch diesen Mangel.

Bettina von Arnim an den Fürsten Hermann von Pückler-Muskau.

Beethoven. — Ich hätte ihn während meinem kurzen Aufenthalt gerne kennen lernen; keiner wollte mich zu ihm führen wegen seinem wunderlichen Humor und weil er menschenscheu wäre; ich mußte ihn alleine aufsuchen; er hatte dreierlei Wohnungen, in der Stadt, Vorstadt und auf dem Land; ich fand ihn im obersten Stock eines hohen Hauses, im Vorzimmer lag ein Fortepiano an der Erde, daneben eine schlechte Bettstelle mit einem Strohsack und wollener Decke; der Bediente sagte: „Das ist des Herren Lager." Ich trat ein, er saß am Klavier, ich nahte ihm und sagte ihm laut und dicht ins Ohr (denn er war taub): „Ich heiße Brentano." Er lächelte, reichte mir die Hand, ohne aufzustehen, und sagte: „Ich hab eben ein schönes Lied gemacht für Sie." Er sang: „Kennst du das Land" nicht schmelzend, nicht weich; hart war die Stimme, über Bildung und Gefälligkeit sich hinausschwingend durch den Schrei der Leidenschaft. Er fragte: „Nun, wie gefällt es Ihnen?" Ich nickte; er sangs noch einmal mit dem Feuer, das durchs Bewußtsein seine Glut mitzuteilen angeschürt wird; dann sah er mich triumphierend an; er sah, daß meine Wangen und Augen glühten, und sagte naiv: „Aha!" — Nun sang er: „Trocknet nicht, Tränen der ewigen Liebe! Ach, nur dem halbgetrockneten Auge, wie öde, wie tot die Welt ihm erscheint!" Dann schrieb er den Satz mit Ziffern in eine Schreibtafel, die er in der Tasche trug, und ließ sichs gefallen, daß ich ihm währenddem die verwirrten Haare glattstrich; er küßte mir die Hand und als ich weggehen wollte, ging er mit; unterwegs sagte er: „Musik ist das Klima meiner Seele, da blüht sie und schießt nicht bloß ins Kraut, wie die Gedanken anderer, die sich Komponisten nennen; aber wenige verstehen, welch ein Thron der Leidenschaft jeglicher einzelne Musiksatz ist — und wenige wissen, daß die Leidenschaft selbst der Thron der Musik ist." Und so sprach er, als ob ich sein vertrauter Freund sei von Jahren her.

Man war erstaunt, mich mit dem menschenscheuen Beethoven Hand in Hand eintreten zu sehen in eine Gesellschaft von mehr als vierzig Menschen, die bei Tische saßen; er nahm ohne Umstände Platz, sagte wenig, wohl weil er taub war; zweimal nahm er seine Schreibtafel aus der Tasche und schrieb ein paar Ziffern hinein. Nach Tisch stieg die ganze Gesellschaft auf den Turm des Hauses, um die Gegend zu übersehen; wie alle wieder hinab waren und er und ich allein, da zog er die Tafel hervor, übersah sie, schrieb und strich aus dann sagte er: „Mein Lied ist fertig." Er legte sich ins Fenster und sang es vollends hinaus in die Lüfte. Dann sagte er: „Gelt, das schallt? Es gehört Ihnen, wenns Ihnen gefällt, ich habs für Sie gemacht, Sie haben mich dazu gereizt, ich las es in Ihrem Blick wie geschrieben." — Solang ich in

Wien war, kam er alle Tage. Eine Dame aus der Gesellschaft, eine der ersten Klavierspielerinnen, trug eine Sonate von ihm vor. Nachdem er eine Weile zugehört hatte, sagte er: „Das ist nichts." Er setzte sich selber ans Klavier und trug dieselbe Sonate vor, die übermenschlich zu nennen war.

Er gab mir Aufträge an Goethe, wie er ihn allein über alles schätze. In Teplitz im folgenden Jahr lernten sie sich kennen. Goethe war bei ihm; er spielte ihm vor; da er sah, daß Goethe tief gerührt zu sein schien, sagte er: „O Herr, das habe ich von Ihnen nicht erwartet; in Berlin gab ich auch vor mehreren Jahren ein Konzert, ich griff mich an und glaubte was Rechts zu leisten und hoffte auf einen tüchtigen Beifall, aber siehe da, als ich meine höchste Begeisterung ausgesprochen hatte, kein geringstes Zeichen des Beifalls ertönte; das war mir doch zu arg; ich begriffs nicht; das Rätsel löste sich jedoch dahin auf, daß das ganze Berliner Publikum fein gebildet war und mir mit nassen Schnupftüchern vor Rührung entgegenwankte, um mich seines Danks zu versichern. Das war einem groben Enthusiasten wie mir ganz übrig; ich sah, daß ich nur ein romantisches, aber kein künstlerisches Auditorium gehabt hatte. Aber von Euch, Goethe, lasse ich mir dies nicht gefallen; wenn mir Eure Dichtungen durchs Gehirn gingen, so hat es Musik abgesetzt und ich war stolz genug, mich auf gleiche Höhe schwingen zu wollen wie Ihr, aber ich habe es meiner Lebtag nicht gewußt und am wenigsten hätte ichs in Eurer Gegenwart selbst getan, da müßte der Enthusiasmus ganz anders wirken. Ihr müßt doch selber wissen, wie wohl es tut, von tüchtigen Händen beklatscht zu sein; wenn Ihr mich nicht anerkennen und als Euresgleichen abschätzen wollt, wer soll es dann tun? – Von welchem Bettelpack soll ich mich denn verstehen lassen?" So trieb er Goethe in die Enge, der im ersten Augenblick gar nicht verstand, wie ers gutmachen solle, denn er fühlte wohl, Beethoven habe recht. – Die Kaiserin und österreichische Herzoge waren in Teplitz und Goethe genoß viel Auszeichnung von ihnen und besonders wars seinem Herzen keine geringe Angelegenheit, der Kaiserin seine Devotion zu bezeigen; er deutete dies mit feierlich bescheidenen Ausdrücken dem Beethoven an. „Ei was," sagte der, „so müßt Ihrs nicht machen, da macht Ihr nichts Gutes, Ihr müßt ihnen tüchtig an den Kopf werfen, was sie an Euch haben, sonst werden sies gar nicht gewahr; da ist keine Prinzeß, die den Tasso länger anerkennt, als der Schuh der Eitelkeit sie drückt; – ich habs ihnen anders gemacht: da ich dem Herzog Rainer Unterricht geben sollte, ließ er mich im Vorzimmer warten, ich habe ihm dafür tüchtig die Finger auseinandergerenkt; wie er mich fragte, warum ich so ungeduldig sei, sagte ich, er habe meine Zeit im Vorzimmer verloren, ich könne nun mit der Geduld keine mehr verbringen. Er ließ mich nachher nicht mehr warten, ja, ich hätts ihm auch bewiesen, daß dies eine Albernheit ist, die ihre Viehigkeit nur an den Tag legt. Ich sagte ihm, einen Orden könnten sie einem wohl anhängen, aber darum sei man nicht um das geringste besser. Einen Hofrat, einen Geheimerat können sie wohl machen, aber keinen Goethe, keinen Beethoven; also das, was sie nicht machen können und was sie selber noch lange nicht sind, davor müssen sie Respekt haben lernen, das ist ihnen gesund." – Indem kam auf dem Spaziergang ihnen entgegen mit dem ganzen Hofstaat die Kaiserin und Herzoge; nun sagte Beethoven: „Bleibt nur in meinem Arm hängen, sie müssen uns Platz machen, wir nicht." – Goethe war nicht der Meinung und ihm wurde die Sache unangenehm; er machte sich aus Beethovens Arm los und stellte sich mit abgezogenem Hut an die Seite, während Beethoven mit untergeschlagenen Armen mitten zwischen den Herzogen durchging und nur den Hut ein wenig rückte, während diese sich von beiden Seiten teilten, um ihm Platz zu machen, und ihn alle freundlich grüßten; jenseits blieb er stehen und wartete auf Goethe, der mit tiefen Verbeugungen sie hatte an sich vorbeigelassen. – Nun sagte er: „Auf Euch hab ich gewartet, weil ich Euch ehre und achte, wie Ihr es verdient, aber jenen habt Ihr zu viel Ehre angetan." – Nachher kam Beethoven zu uns gelaufen und erzählte uns alles und freute sich ganz kindisch, daß er Goethen so geneckt habe. – Die Reden sind alle wörtlich wahr, es ist nichts Wesentliches hinzugesetzt, Beethoven erzählte es mehrmals auf dieselbe Weise und es war mir in mehr als einer Beziehung ganz wichtig; ich erzählte sie dem Herzog von Weimar, der auch in Teplitz war und ihn gewaltig neckte, ohne ihm zu sagen, woher er es habe.

Louis Spohr.

Nach meiner Ankunft in Wien suchte ich Beethoven sogleich auf, fand ihn aber nicht und ließ deshalb meine Karte zurück. Ich hoffte nun, ihn in irgendeiner der musikalischen Gesellschaften zu finden, zu denen ich häufig eingeladen wurde, erfuhr aber bald, Beethoven habe sich, seitdem seine Taubheit so zugenommen, daß er Musik nicht mehr deutlich und im Zusammenhange hören könne, von allen Musikpartien zurückgezogen und sei überhaupt sehr menschenscheu geworden. Ich versuchte es daher nochmals mit einem Besuche; doch wieder vergebens. Endlich traf ich ihn ganz unerwartet in dem Speisehause, wohin ich jeden Mittag mit meiner Frau zu gehen pflegte. Ich hatte nun schon Konzert gegeben und zweimal mein Oratorium aufgeführt. Die Wiener Blätter hatten günstig darüber berichtet. Beethoven wußte daher von mir, als ich mich ihm vorstellte, und begrüßte mich ungewöhnlich freundlich. Wir setzten uns zusammen an einen Tisch und

Beethoven wurde sehr gesprächig, was die Tischgesellschaft sehr verwunderte, da er gewöhnlich düster und wortkarg vor sich hinstarrte. Es war aber eine saure Arbeit, sich ihm verständlich zu machen, da man so laut schreien mußte, daß es im dritten Zimmer gehört werden konnte. Beethoven kam nun öfter in dieses Speisehaus und besuchte mich auch in meiner Wohnung. So wurden wir bald gute Bekannte. Beethoven war ein wenig derb, um nicht zu sagen roh; doch blickte ein ehrliches Auge unter den buschigen Augenbrauen hervor. Nach meiner Rückkehr von Gotha traf ich ihn dann und wann im Theater an der Wien dicht hinter dem Orchester, wo ihm der Graf Palffy einen Freiplatz gegeben. Nach der Oper begleitete er mich gewöhnlich nach meinem Hause und verbrachte den Rest des Abends bei mir. Dann konnte er auch gegen Dorette und die Kinder sehr freundlich sein. Von Musik sprach er höchst selten. Geschah es, dann waren seine Urteile sehr streng und so entschieden, als könne gar kein Widerspruch dagegen stattfinden. Für die Arbeiten anderer nahm er nicht das mindeste Interesse; ich hatte deshalb auch nicht den Mut, ihm die meinigen zu zeigen. Sein Lieblingsgespräch in jener Zeit war eine scharfe Kritik der beiden Theaterverwaltungen des Fürsten Lobkowitz und des Grafen Palffy. Auf letzteren schimpfte er oft schon überlaut, wenn wir noch innerhalb seines Theaters waren, so daß es nicht nur das ausströmende Publikum, sondern auch der Graf selbst in seinem Bureau hören konnte. Dies setzte mich sehr in Verlegenheit und ich war nur immer bemüht, das Gespräch auf andere Gegenstände zu lenken.

Das schroffe, selbst abstoßende Benehmen Beethovens in jener Zeit rührte teils von seiner Taubheit her, die er noch nicht mit Ergebung zu tragen gelernt hatte, teils war es Folge seiner zerrütteten Vermögensverhältnisse. Er war kein guter

Wirt und hatte noch das Unglück, von seiner Umgebung bestohlen zu werden. So fehlte es oft am Nötigsten. In der ersten Zeit unserer Bekanntschaft fragte ich ihn einmal, nachdem er mehrere Tage nicht ins Speisehaus gekommen war: „Sie waren doch nicht krank?" – „Mein Stiefel wars und da ich nur das eine Paar besitze, hatte ich Hausarrest" war die Antwort.

Aus dieser drückenden Lage wurde er aber nach einiger Zeit durch die Bemühungen seiner Freunde herausgerissen. Die Sache verhielt sich so:

Beethovens „Fidelio", der 1804 (oder 1805) unter ungünstigen Verhältnissen während der Besetzung Wiens durch die Franzosen einen sehr geringen Erfolg gehabt hatte, wurde jetzt von den Regisseuren des Kärntnertortheaters wieder hervorgesucht und zu ihrem Benefize in Szene gesetzt. Beethoven hatte sich bewegen lassen, nachträglich dazu eine neue Ouvertüre (die in E), ein Lied für den Kerkermeister und die große Arie für Fidelio (mit den obligaten Hörnern) zu schreiben, sowie auch einige Abänderungen vorzunehmen. In dieser neuen Gestalt machte nun die Oper großes Glück und erlebte eine lange Reihe zahlreich besuchter Aufführungen. Der Komponist wurde am ersten Abend mehrere Male herausgerufen und war nun wieder der Gegenstand allgemeiner Aufmerksamkeit. Diesen günstigen Augenblick benützten seine Freunde, um für ihn ein Konzert im großen Redoutensaale zu veranstalten, in welchem die neuesten Kompositionen Beethovens zur Aufführung kommen sollten. Alles, was geigen, blasen und singen konnte, wurde zur Mitwirkung eingeladen und es fehlte von den bedeutenderen Künstlern Wiens auch nicht einer. Ich und mein Orchester hatten uns natürlich auch angeschlossen und ich sah Beethoven zum erstenmale dirigieren. Obgleich mir schon viel davon erzählt war, so überraschte es mich doch in hohem Grade. Beethoven hatte sich angewöhnt, dem Orchester die Ausdruckszeichen durch allerlei sonderbare Körperbewegungen anzudeuten. Sooft ein sforzando vorkam, riß er beide Arme, die er vorher auf der Brust kreuzte, mit Vehemenz auseinander. Bei dem piano bückte er sich nieder und um so tiefer, je schwächer er es wollte. Trat dann ein crescendo ein, so richtete er sich nach und nach wieder auf und sprang beim Eintritte des forte hoch in die Höhe. Auch schrie er manchmal, um das forte noch zu verstärken, mit hinein, ohne es zu wissen.

Seyfried, dem ich mein Erstaunen über diese sonderbare Art zu dirigieren aussprach, erzählte von einem tragikomischen Vorfalle, der sich bei Beethovens letztem Konzerte im Theater an der Wien ereignet hatte.

Beethoven spielte ein neues Pianofortekonzert von sich, vergaß aber schon beim ersten tutti, daß er Solospieler war, sprang auf und fing an, in seiner Weise zu dirigieren. Bei dem ersten sforzando schleuderte er die Arme so weit auseinander, daß er beide Leuchter vom Klavierpulte zu Boden warf. Das Publikum lachte und Beethoven war so außer sich über diese Störung, daß er das Orchester aufhören und von neuem beginnen ließ. Seyfried, in der Besorgnis, daß sich bei derselben Stelle dasselbe Unglück wiederholen werde, hieß zwei Chorknaben sich neben Beethoven stellen und die Leuchter in die Hand nehmen. Der eine trat arglos näher und sah mit in die Klavierstimme. Als daher das verhängnisvolle sforzando hereinbrach, erhielt er von Beethoven mit der ausfahrenden Rechten eine so derbe Maulschelle, daß der arme Junge vor Schrecken den Leuchter zu Boden fallen ließ. Der andere Knabe, vorsichtiger, war mit ängstlichen Blicken allen Bewegungen Beethovens gefolgt und es glückte ihm daher, durch schnelles Niederbücken der Maulschelle auszuweichen.

Hatte das Publikum vorher schon gelacht, so brach es jetzt in einen wahrhaft bacchanalischen Jubel aus. Beethoven geriet dermaßen in Wut, daß er gleich bei den ersten Akkorden des Solo ein halbes Dutzend Saiten zerschlug. Alle Bemühungen der echten Musikfreunde, die Ruhe und Aufmerksamkeit wiederherzustellen, blieben für den Augenblick fruchtlos. Das erste Allegro des Konzertes ging daher ganz für die Zuhörer verloren. Seit diesem Unfalle wollte Beethoven kein Konzert wieder geben.

Das von seinen Freunden veranstaltete hatte aber den glänzendsten Erfolg. Die neuen Kompositionen Beethovens gefielen außerordentlich, besonders die Symphonie in A=dur (die siebente); der wundervolle zweite Satz wurde da capo verlangt; er machte auch auf mich einen tiefen, nachhaltigen Eindruck. Die Ausführung war eine ganz meisterhafte trotz der unsicheren und dabei oft lächerlichen Direktion Beethovens.

Daß der arme taube Meister die piano seiner Musik nicht mehr hören konnte, sah man ganz deutlich. Besonders auffallend war es aber bei einer Stelle im zweiten Teile des ersten Allegro der Symphonie. Es folgen sich da zwei Halte gleich nacheinander, von denen der zweite pianissimo ist. Diesen hatte Beethoven wahrscheinlich übersehen, denn er fing schon wieder an zu taktieren, als das Orchester noch nicht einmal diesen zweiten Halt eingesetzt hatte. Er war daher, ohne es zu wissen, dem Orchester bereits zehn bis zwölf Takte vorausgeeilt, als dieses nun auch und zwar pianissimo begann. Beethoven, um dieses nach seiner Weise anzudeuten, hatte sich ganz unter dem Pulte verkrochen. Bei dem nun folgenden crescendo wurde er wieder sichtbar, hob sich immer mehr und sprang hoch in die Höhe, als der Moment eintrat, wo seiner Rechnung nach das forte beginnen mußte. Da dieses aus=

blieb, sah er sich erschrocken um, starrte das Orchester verwundert an, daß es noch immer pianissimo spiele, und fand sich erst wieder zurecht, als das längst erwartete forte endlich eintrat und ihm hörbar wurde.

Glücklicherweise fiel diese komische Szene nicht bei der Aufführung vor, sonst würde das Publikum wieder gelacht haben. Da der Saal überfüllt und der Beifall enthusiastisch war, so veranstalteten die Freunde Beethovens eine Wiederholung des Konzertes, welche eine fast gleich große Einnahme abwarf. Für die nächste Zeit war daher Beethoven seiner Geldverlegenheit enthoben; doch soll sie aus gleichen Ursachen noch einigemale vor seinem Tode wiedergekehrt sein.

Bis zu diesem Zeitpunkte war eine Abnahme der Beethovenschen Schöpfungskraft nicht zu bemerken. Da er aber von nun an bei immer zunehmender Taubheit gar keine Musik mehr hören konnte, so mußte dies notwendig lähmend auf seine Phantasie zurückwirken. Sein stetes Streben, originell zu sein und neue Bahnen zu brechen, konnte nicht mehr wie früher durch das Ohr vor Irrwegen bewahrt werden. War es daher zu verwundern, daß seine Arbeiten immer barocker, unzusammenhängender und unverständlicher wurden? Zwar gibt es Leute, die sich einbilden, sie zu verstehen, und in ihrer Freude darüber sie weit über seine früheren Meisterwerke erheben. Ich gehöre aber nicht dazu und gestehe frei, daß ich den letzten Arbeiten Beethovens nie habe Geschmack abgewinnen können. Ja schon die vielbewunderte neunte Symphonie muß ich zu diesen rechnen, deren drei erste Sätze mir trotz einzelner Genieblitze schlechter vorkommen als sämtliche der acht früheren Symphonien, deren vierter Satz mir aber so monströs und geschmacklos und in seiner Auffassung der Schillerschen Ode so trivial erscheint, daß ich immer noch nicht begreifen kann, wie ihn ein Genius wie der Beethoven=

sche niederschreiben konnte. Ich finde darin einen neuen Beleg zu dem, was ich schon in Wien bemerkte, daß es Beethoven an ästhetischer Bildung und an Schönheitssinn fehle.

Da Beethoven zu der Zeit, wo ich seine Bekanntschaft machte, bereits aufgehört hatte sowohl öffentlich als in Privatgesellschaften zu spielen, so habe ich nur ein einzigesmal Gelegenheit gefunden, ihn zu hören, als ich zufällig zu der Probe eines neuen Trio (D=dur ³/₄ Takt) in Beethovens Wohnung kam. Ein Genuß wars nicht; denn erstlich stimmte das Pianoforte sehr schlecht, was Beethoven wenig kümmerte, da er ohnehin nichts davon hörte, und zweitens war von der früher so bewunderten Virtuosität des Künstlers infolge seiner Taubheit fast gar nichts übriggeblieben. Im forte schlug der arme Taube so darauf, daß die Saiten klirrten, und im piano spielte er wieder so zart, daß ganze Tongruppen ausblieben, so daß man das Verständnis verlor, wenn man nicht zugleich in die Klavierstimme blicken konnte. Über ein so hartes Geschick fühlte ich mich von tiefer Wehmut ergriffen. Ist es schon für jedermann ein großes Unglück, taub zu sein, wie soll es ein Musiker ertragen, ohne zu verzweifeln? Beethovens fortwährender Trübsinn war mir nun kein Rätsel mehr ...

Als ich den ersten Gedanken zu meiner großen Reise durch Europa faßte, kam mir auch der, ein Album anzulegen, auf dessen Blätter ich Kompositionen aller der Künstler, deren Bekanntschaft ich machen würde, einsammeln wollte. Ich begann sogleich mit den Wienern und erhielt auch von sämtlichen dortigen Komponisten meiner Bekanntschaft kleine, eigenhändig geschriebene und größtenteils für mein Album eigens gefertigte Arbeiten. Der wertvollste Beitrag ist mir der von Beethoven. Es ist ein dreistimmiger Kanon über die Worte aus Schillers „Jungfrau von Orleans": „Kurz ist der

Schmerz und ewig währt die Freude." Bemerkenswert ist:
1. daß Beethoven, dessen Schrift, Noten wie Text, in der Regel fast unleserlich waren, dieses Blatt mit besonderer Geduld geschrieben haben muß; denn es ist sauber vom Anfange bis zum Ende, was um so mehr sagen will, da er sogar die Notenlinien selbst und zwar aus freier Hand ohne Rastral gezogen hat; 2. daß sodann nach dem Eintritte der dritten Stimme ein Takt fehlt, den ich habe ergänzen müssen. Das Blatt schließt mit dem Wunsche:

„Möchten Sie doch, lieber Spohr, überall, wo Sie wahre Kunst und wahre Künstler finden, gerne meiner gedenken, Ihres Freundes

Wien, am 3. März 1815. Ludwig van Beethoven."

Wenzel Johann Tomaschek.

Am 10. [Oktober 1814] vormittags besuchte ich in Gesellschaft meines Bruders Beethoven. Der Arme hörte außerordentlich schwer an diesem Tage, so daß man mehr schreien als sprechen mußte, um für ihn verständlich zu sein. Das Empfangzimmer, in dem er mich freundlich begrüßte, war nichts weniger als glänzend möbliert, nebstbei herrschte auch darin eine ebenso große Unordnung als in seinem Haare. Ich fand hier ein aufrechtstehendes Pianoforte und auf dessen Pulte den Text zu einer Kantate („Der glorreiche Augenblick") von Weißenbach; auf der Klaviatur lag ein Bleistift, womit er die Skizze seiner Arbeiten entwarf; daneben fand ich auf einem soeben beschriebenen Notenblatte die verschiedenartigsten Ideen ohne allen Zusammenhang hingeworfen, die heterogensten Einzelnheiten nebeneinandergestellt, wie sie ihm eben in den Sinn gekommen sein mochten. Es waren die Materialien zu der neuen Kantate. So zusammengewürfelt wie diese musikalischen Teilchen war auch sein Gespräch, das er, wie es bei Schwerhörenben der Fall zu sein pflegt, mit sehr starker Stimme führte, dabei fortwährend mit einer Hand um das Ohr herumstreichend, gleichsam als wollte er die geschwächte Gehörkraft aufsuchen. Einiges aus dieser Unterhaltung, bei welcher er mir manches Zeitwort schuldig blieb, teile ich hier mit, gewisse Namen jedoch übergehend, deren Bezeichnung mir zweckwidrig scheint.

Ich. Herr van Beethoven, Sie werden vergeben, daß ich Sie störe. Ich bin Tomaschek aus Prag, Compositeur bei dem Grafen Buquoy, und nehme mir die Freiheit, Sie in Gesellschaft meines Bruders zu besuchen.

B. Es freut mich recht sehr, Sie persönlich kennen – – Sie stören mich nicht im geringsten.

Ich. Herr Doktor R. empfiehlt sich Ihnen.

B. Was macht er? – Schon längst hörte ich nichts von ihm.

Ich. Er wünscht zu wissen, wie weit Sie mit Ihrem Prozeß vorgerückt sind.

B. Vor lauter Umständlichkeiten kommt man ja nicht vorwärts.

Ich. Ich hörte, Sie hätten ein Requiem komponiert?

B. Ich wollte ein Requiem schreiben, sobald die Geschichte geendigt wäre. Warum sollte ich eher schreiben, als ich meine Sache habe?

Nun begann er mir das Ganze zu erzählen. Er sprach auch hier ohne festen Zusammenhang, mehr rhapsodisch; endlich wandte sich das Gespräch wieder auf andere Gegenstände.

Ich. Herr van Beethoven scheinen sehr fleißig zu sein.

B. Muß ich nicht? – Was würde mein Ruhm sagen?

Ich. Besucht Sie mein Schüler Worzischek öfter?

B. Er war einigemal bei mir, doch habe ich ihn nicht gehört. Letzthin brachte er mir etwas von seiner Komposition, das für einen jungen Menschen wie er brav gearbeitet ist. (Beethoven meinte darunter die zwölf Rhapsodien für das Pianoforte, welche mir gewidmet später im Druck erschienen.)

Ich. Sie gehen wohl selten aus?

B. Fast nirgends hin.

Ich. Heute wird eine neue Oper von Seyfried gegeben; ich habe keine Lust, eine Musik dieser Art anzuhören.

B. Mein Gott! Solche Komponisten muß es auch geben, was würde sonst der gemeine Haufe tun?

Ich. Man erzählte mir auch, daß sich hier ein junger fremder Künstler aufhält, der ein außerordentlicher Fortepianospieler sein soll.

B. Ja, auch ich vernahm von ihm, ihn selbst aber hörte ich nicht. Mein Gott! Er soll nur ein Vierteljahr bei uns bleiben, dann wollen wir hören, was die Wiener von seinem Spiel halten. Ich kenne das, wie alles Neue hier gefällt.

Ich. Auch sind Sie wohl nie mit ihm zusammengekommen?

B. Ich lernte ihn bei der Aufführung meiner „Schlacht" kennen, bei welcher Gelegenheit mehrere von den hiesigen Komponisten ein Instrument übernahmen. Jenem jungen Manne war die große Trommel zuteil geworden. Hahaha! — Ich war gar nicht mit ihm zufrieden; er schlug sie nicht recht und kam immer zu spät, so daß ich ihn tüchtig heruntermachen mußte. Hahaha! — das mochte ihn ärgern. Es ist nichts mit ihm; er hat keinen Mut, zur rechten Zeit dreinzuschlagen.

Über diesen Einfall mußte ich und mein Bruder herzlich lachen. — Seine Einladung zu Tisch ablehnend, empfahlen wir uns mit dem Vorbehalt, ihn vor meiner Abreise noch einmal zu besuchen.

Am 24. [November] besuchte ich Beethoven, denn ich fühlte ein großes Verlangen in mir, ihn vor meiner Abreise noch einmal zu sehen. Ich wurde von seinem Diener gemeldet und sogleich vorgelassen. Wenn es schon bei meinem ersten Besuch in seiner Wohnung unordentlich aussah, so war dies jetzt noch mehr der Fall; denn im mittleren Zimmer traf ich zwei Kopisten an, welche seine früher erwähnte, soeben fertig gewordene Kantate mit größter Hast abschrieben; im zweiten Zimmer lagen auf allen Tischen und Stühlen Bruchstücke von Partituren, die wahrscheinlich von Umlauf, den mir Beethoven aufführte, korrigiert wurden. Dieser Herr schien ein glückliches Temperament zu haben, denn er war bei unserm ersten Zusammentreffen weder kalt noch warm: der wechselseitige Eindruck, den wir aufeinander machten, stand im Einklang, doch er entfernte sich und ich – blieb. Beethoven empfing mich sehr artig, schien aber an diesem Tage sehr taub zu sein, weil ich alle meine Kräfte anwenden mußte, mich ihm verständlich zu machen. Ich will den Dialog, den wir führten, hierher setzen:

Ich. Ich komme, um Sie vor meiner Abreise noch einmal zu sehen.

B. Ich glaubte Sie schon von Wien abgereist; waren Sie die Zeit immer hier?

Ich. Immer, bis auf einen einzigen Ausflug nach den Gegenden von Aspern und Wagram. Sie waren doch stets gesund?

B. Wie immer voll Verdruß, es ist nicht mehr zu leben hier.

Ich. Ich sehe, daß Sie mit Ihrer Akademie sehr beschäftigt sind; ich möchte kein Hindernis sein.

B. Gar nicht, mich freut es Sie zu sehen. Da gibt es so viel Unangenehmes bei einer Akademie und Korrekturen ohne Ende!

Ich. Ich las eben die Ankündigung, daß Sie Ihre Akademie aufgeschoben haben.

B. Es war alles falsch kopiert. Ich sollte an dem Tage der Aufführung die Probe halten, habe daher die Akademie aufgeschoben.

Ich. Es gibt wohl nichts Ärgerlicheres und Gemeineres als die Vorbereitungen zu einer Akademie.

B. Da haben Sie wohl recht, man kommt vor lauter Dummheiten gar nicht vorwärts. Und was man für Geld auslegen muß! Es ist unverantwortlich, wie man jetzt mit der Kunst verfährt. Ich muß ein Dritteil an die Theaterdirektion und ein Fünfteil an das Zuchthaus entrichten. Pfui Teufel! Bis die Geschichten aus sind, werde ich dann nachfragen, ob die Tonkunst eine freie Kunst sei oder nicht. Glauben Sie mir, es ist nichts mit der Kunst in gegenwärtiger Zeit. Wie lange bleiben Sie noch in Wien?

Ich. Montags gedenke ich abzureisen.

B. Da muß ich Ihnen doch ein Billett in meine Akademie geben.

Ich dankte ihm und bat ihn, sich deshalb keine Mühe zu machen; er ging aber ins Vorzimmer und kam sogleich mit den Worten zurück, daß sein Diener, welcher die Billetts in Verwahrung habe, nicht zu Hause sei; ich sollte ihm nur meinen Wohnort aufschreiben, damit er mir ein Billett schicken könne. Da er nicht anders wollte, so schrieb ich ihm meine Adresse auf und wir setzten dann unser Gespräch weiter fort, wie folgt:

Ich. Waren Sie in Meyerbeers Oper? —

B. Nein, sie soll sehr schlecht ausgefallen sein. Ich habe an Sie gedacht; Sie habens getroffen, als Sie sich von seiner Komposition nicht viel versprachen. Ich habe den Abend nach der Produktion mit den Opernsängern im Weinhause gesprochen, wohin sie gewöhnlich kommen. Ich sagte ihnen geradezu: „Ihr habt Euch wieder einmal ausgezeichnet! Welchen Eselsstreich habt Ihr gemacht! Schämen sollt Ihr Euch, daß Ihr noch nichts versteht, nichts zu beurteilen wißt, einen solchen Lärm über diese Oper zu schlagen! Ist es erlaubt, ein solches Urteil von alten Sängern zu erleben? Ich möchte mit Euch darüber reden, aber Ihr versteht mich nicht."

Ich. Ich war in der Oper, sie fing mit Hallelujah an und endete mit dem Requiem.

B. Hahahahaha! So ist es auch mit seinem Spiele. Man hat mich öfter gefragt, ob ich ihn gehört habe – ich sagte nein; doch aus den Urteilen meiner Bekannten, die so etwas zu beurteilen verstehen, konnte ich abnehmen, daß er zwar Fertigkeit hat, übrigens aber ein oberflächlicher Mensch ist.

Ich. Ich hörte, daß er vor seiner Abreise nach Paris bei Herrn ... gespielt und viel weniger gefallen hat.

B. Hahahaha! Was habe ich Ihnen gesagt? Ich kenne das. Er soll sich nur auf ein halbes Jahr hersetzen, dann wollen wir hören, was man über sein Spiel sagen wird. Das heißt alles nichts. Es ist von jeher bekannt, daß die größten Klavierspieler auch die größten Komponisten waren, aber wie spielten sie? Nicht so wie die heutigen Klavierspieler, welche nur die Klaviatur mit eingelernten Passagen auf und ab rennen, putsch – putsch – putsch – was heißt das? Nichts! Die wahren Klaviervirtuosen, wenn sie spielten, so war es etwas Zusammenhängendes, etwas Ganzes; man konnte es geschrieben gleich als ein gut durchgeführtes Werk betrachten. Das heißt Klavierspielen, das übrige heißt nichts!

Ich. Ich finde es sehr lächerlich, daß ihn Fuß, der selbst über das Instrument sehr beschränkte Begriffe zu haben scheint, für den größten Klavierspieler erklärt hat.

B. Er hat gar keine Begriffe von der Instrumentalmusik. Er ist ein erbärmlicher Mensch, ich will es ihm ins Gesicht sagen. Er lobte einmal eine Instrumentalkomposition über die Maßen, aus welcher überall Bocks- und Eselsohren heraussahen; ich mußte über seine Unwissenheit von Herzen lachen.

Den Gesang versteht er und dabei soll er bleiben, außerdem aber versteht er von der Komposition blutwenig.

Ich. Auch ich nehme eine sehr kleine Idee von Fußs Kenntnissen von hier mit.

B. Wie gesagt, außer dem Gesang versteht er gar nichts.

Ich. Der Moscheles, wie ich höre, macht hier viel Aufsehen.

B. Mein Gott! Er spielt hübsch, hübsch — außerdem ist er ein ... Es wird nichts aus ihm. Diese Leute haben ihre bekannten Gesellschaften, wohin sie öfters kommen; da werden sie gelobt und immer gelobt und aus ist es mit der Kunst! Ich sage es Ihnen, es wird nichts aus ihm. Ich war sonst in meinen Urteilen vorlaut und machte mir dadurch Feinde — jetzt urteile ich über niemanden und zwar aus dem Grunde, weil ich niemanden schaden will, und endlich denke ich mir: ist es etwas Ordentliches, so wird es sich trotz alles Anfeindens und Neides aufrechterhalten; ist es nichts Solides, nichts Festes, so fällt es ohnedies zusammen, man mag es stützen, wie man will.

Ich. Dies ist auch meine Philosophie.

Unterdessen hatte Beethoven sich angekleidet und zum Ausgehen fertiggemacht. Ich empfahl mich, wobei er mir eine glückliche Reise wünschte und mich einlud, zu ihm zu kommen, wenn ich noch länger in Wien verweilen sollte ...

Desto interessanter aber war mir der 28., der mich um die eilfte Stunde des Vormittags in den großen Redoutensaal brachte, wo die Probe von Beethovens Akademie stattfand. Ich traf dort Spohr und den Regierungsrat von Sonnleithner an und blieb bis zu Ende der Probe in ihrer Nähe. Des letzteren lebhafter Geist und gewandter Witz bildeten zu Spohrs Ruhe und Gleichmäßigkeit einen sehr anziehenden Kontrast. Probiert wurde die Symphonie in A-dur, mit der ich mich durchweg nicht befreunden konnte, worauf dann die neue Kantate folgte, in welcher Beethovens Genie sich nicht verleugnete, doch die Deklamation und die organische Stimmführung!! – Die Lösung dieser musikalischen Aufgabe lag, wie gesagt, ganz außer der Grenze seines Genies. Die kolossale Stimme der Madame Milder durchdrang alle Räume des Saales; dagegen klang ohnmächtig das Violinsolo, das von Herrn Mayseder rein und nett vorgetragen wurde. Beethoven verrechnete sich gewaltig, als er die Violine für einen so riesigen Saal mit einem Solo bedachte. Die Kantate wollte und konnte nicht ansprechen, denn ihre Gebrechen sind derart, daß sie weder durch Genie noch durch Berühmtheit verdeckt werden konnten. Als Schluß der Akademie folgte „Die Schlacht bei Vittoria", worüber die größere Zahl der Zuhörer außer sich geriet, ich dagegen sehr schmerzlich berührt wurde, einen Beethoven, dem die Vorsehung im Tonreiche vielleicht den höchsten Thron angewiesen, unter den gröbsten Materialisten zu finden. Man erzählte mir zwar, daß er selbst das Werk für eine Dummheit erklärte und es ihm nur insofern lieb war, als er damit die Wiener total schlug. Ich glaube vielmehr, daß Beethoven nicht durch die Schlacht, sondern durch seine herrlichen Werke sich der Gunst von Wien nach und nach bemächtigte. Als das Orchester in dem heillosen Lärm von Trommeln, Rasseln und Pochen beinahe ganz unterging und ich mein Mißfallen über den tobenden Beifall gegen den Herrn von Sonnleithner äußerte, bemerkte er im spöttischen Tone, daß es der Mehrzahl lieber noch wäre, wenn man auf ihr Timpanum so schlüge. Die Akademie ging unter Umlaufs Direktion vor sich, Beethoven stand ihm zur Seite und taktierte mit, aber seiner Taubheit wegen meist unrichtig, das jedoch keine Störung nach sich zog, denn das Orchester behielt nur Umlaufs Direktion im Auge. Von dem Katarakt ganz betäubt, war ich froh, als ich wieder ins Freie kam.

Alois Weissenbach.

Ganz von der Herrlichkeit des schöpferischen Genius dieser Musik [„Fidelio"] erfüllt, ging ich mit dem festen Entschlusse aus dem Theater nach Hause, nicht aus Wien wegzugehen, ohne die persönliche Bekanntschaft eines also ausgezeichneten Menschen gemacht zu haben, und sonderbar genug, als ich nach Hause kam, fand ich Beethovens Besuchkarte auf dem Tische mit einer herzlichen Einladung, den Kaffee morgen bei ihm zu nehmen . . . .

Und ich trank den Kaffee mit ihm und seinen Kuß und Händedruck empfing ich! Ja, ich habe den Stolz, öffentlich sagen zu dürfen: Beethoven hat mich mit dem Zutrauen seines Herzens beehrt. Ich weiß nicht, ob diese Blätter je in seine Hände kommen werden; er wird sie (ich kenn' ihn und weiß, wie sehr er auf sich selbst beruht) sogar nicht mehr lesen, wenn er erfährt, daß sie seinen Namen lobend oder tadelnd aussprechen, auch hierin die Selbständigkeit seines Genius bewährend, dem der Herr Wiege und Thron nicht auf diese Erde gestellt hat. Aber sein Name gehört nicht ihm allein mehr, er gehört dem Jahrhundert an und die Nachwelt fordert von der Mitwelt das Bild ihrer Herrlichen . . . Ich glaube in die Natur meines Geweihten geschaut und charakteristische Züge erfaßt zu haben.

Beethovens Körper hat eine Rüstigkeit und Derbheit, wie sie sonst nicht der Segen ausgezeichneter Geister sind. Aus seinem Antlitze schaut er heraus. Hat Gall, der Kranioskop, die Provinzen des Geistes auf dem Schädelbogen und -boden richtig aufgenommen, so ist das musikalische Genie an Beethovens Kopf mit den Händen zu greifen. Die Rüstigkeit seines Körpers jedoch ist nur seinem Fleische und seinen Knochen eingegossen: sein Nervensystem ist reizbar im höchsten Grade und kränkelnd sogar. Wie wehe hat es mir oft getan,

in diesem Organismus der Harmonie die Saiten des Geistes
so leicht abspringen und verstimmbar zu sehen. Er hat einmal einen furchtbaren Typhus bestanden; von dieser Zeit an
datiert sich der Verfall seines Nervensystems und wahrscheinlich auch der ihm so peinliche Verfall des Gehörs. Oft und
lange hab ich darüber mit ihm gesprochen; es ist mehr ein
Unglück für ihn als für die Welt. – Von ihm kann man sagen,
was Lessing den Maler Conti von Raffael sagen läßt:
„Auch ohne Arme geboren, wär er der größte Maler geworden." Die Töne gehen aus ihm heraus, ohne daß sie eher
in ihn hineingehen müßten. Wie die höchste Fülle von Zeugungskraft dem geschlechtslosen Tiere gegeben ist, das aus jeder Stelle seines Leibes unabläſſig ſich ſelbſt heraustreibt und
immerfort neu gebärt, weswegen die Naturforscher mit
Recht sagen, sie seien nichts anders als nur Geschlechtsorgane, so kann von diesem Meister der Tonkunst das gesagt werden, er sei nur so sehr Tonsinn, daß er des Gehörsinnes wohl entbehren kann. Ohne Unterlaß gebärt er sich
selbst, treibt die Gebilde hervor, die er nicht durch das
Hörorgan, sondern von Gott empfängt. Bedeutsam ist es
jedoch, daß er vor der Erkrankung unübertrefflich zart- und
feinhörig war und daß er auch jetzt noch allen Übellaut
schmerzlich empfindet, wahrscheinlich darum, weil er selbst
nur der Wohllaut ist. Übrigens ist die Ertötung dieses hohen
Sinnes von einer andern Seite kläglich für ihn. Die Natur
hat ihn ohnehin nur durch zarte und sparsame Fäden mit der
Welt in Berührung gesetzt; der Mangel des Gehörsinnes isoliert ihn noch mehr, wodurch dann er auch noch mehr auf sich
zurückgewiesen und in die Notwendigkeit gedrängt wird, den
ewig heitern Genius der Kunst von dem hypochondrischen
Hunde anbellen zu lassen. Sein Charakter entspricht ganz
der Herrlichkeit seines Talents. Nie ist mir in meinem Leben

ein kindlicheres Gemüt in Gesellschaft von so kräftigem und trotzigem Willen begegnet; wär ihm auch sonst nichts von dem Himmelreich zugefallen als dies Herz, er wäre schon dadurch einer, vor dem gar viele aufstehen und sich verneigen müßten. Inniglich hängt es an allem Guten und Schönen durch einen angebornen Trieb, der weit alle Bildung überspringt. In dieser Hinsicht haben mich oft Äußerungen dieses Gemütes wahrhaft entzückt. Entheiligung dessen, was es liebt und ehrt, durch Gesinnung, Wort und Werk kann es zu Zorn, Wehre und auch Tränen bringen. Darum ist es mit der gemeinen Welt, die, wie der Dichter sagt, mit dem Guten und Schönen ewigen Krieg führt, auf ewig zerfallen, wofür diese aber, die alles anfeindet, was sich nicht in ihre trübe Flut untertaucht, nicht unterläßt, den Edel- und Eigensinn einer herrlichen Natur für Narrentum (Bizarrie) auszuschreien. Für das moralische Recht ist es so heiß erglüht, daß es sich dem nicht freundlich mehr zuzuwenden vermag, an dem es eine böse Befleckung erschauen hat müssen. Nichts in der Welt, keine irdische Hoheit, nicht Reichtum, Rang und Stand bestechen es; ich könnte hier von Beispielen reden, deren Zeuge ich gewesen bin. Diese hohe Reizbarkeit des Gemütes und der mächtige Trieb des Kunstgenius in ihm machen sein Glück und sein Unglück aus: sein Glück, insofern sie ihn immer auf sich selbst zurückweisen; sein Unglück, insofern sie ihn beständig mit der Welt in feindlicher Spannung halten. An ihm ließe sich nachweisen, wie Goethe in seinem „Tasso" so ganz aus dem innersten Leben heraus diesen Gegensatz der genialen Natur mit der Welt herauszugreifen wußte. Da überdies sein Wesen zu dem Metalle durchaus gar keine Verwandtschaft in sich hat, da die Kunst des Erwerbens und Behaltens, die eigentliche Kunst des Reichen, mit der Kunst des Schönen, wie alle Welt weiß, einander sogar aufheben, so ist jener Trotz allerbings ein Heroismus, der nur von der Gemütlichkeit der Tonkunst und dem Geschmack des Volkes von Wien überboten werden kann. Ich brauche wohl nicht zu bemerken, daß das Geld keinen andern Wert für ihn hat als den der Notwendigkeit. Nie weiß er, wieviel er bedarf und wieviel er hingibt. Er könnte reich sein oder reich werden, umgäb ihn nur ein Aug' oder ein Herz, das liebend auf ihn sähe und redlich mit ihm teilte. So sehr ihn also sein Humor vor der Welt warnt und davon wegtreibt, so gibt ihn doch in vielen Fällen die Unschuld des Gemütes bösen Streichen preis. Er hat mit seinem Lose durch bittere Erfahrungen hindurch müssen; aber so sehr ist seine Natur abgewendet von allem Getriebe der Welt, unerfahren darin und aller Sorge ledig, daß er in alle Tücke derselben, wie ein Kind in die daherbrausende Flut, arglos und unbefangen hineinlächelt.

Dieses Gemüt hat jedoch nicht weniger Tiefe als Kindlichkeit. Wer seine Töne gehört und in seine Sparten geschaut hat, wird wohl erkennen, daß diese Harmonien nicht oben auf der Fläche schwimmen; auch frag ich: könnte denn die Kraft jenes Trotzes, von dem wir eben geredet, anderswo gründen als im tiefen Schoße? Ich glaube überhaupt, das musikalische Genie habe die größte Tiefe; das Element und das Organ der Musik ist der Klang, der Klang die Seele der Metalle, die Metalle aber kommen bekanntlich aus der Tiefe. Seine Ansichten von dem Wesen, den Formen, den Gesetzen der Musik, ihren Beziehungen zu der Dichtkunst, zum Herzen usw. haben nicht weniger das Gepräge der Originalität als sein Tonsatz. Sie sind bei ihm im wahresten Sinne eingeborne Ideen, nicht einstudierte Aphorismen. Ich weiß, daß Goethe, dessen persönliche Bekanntschaft er in Karlsbad machte, ihn auch von dieser Seite schätzen gelernt hat. Seine moralische Sitte ist in einer bessern Zeit geprägt; sie zeigt mit der Kindlichkeit die Unschuld Hand in Hand von der einen Seite, von der andern eine tiefe Scheu gegen alles Nichtswürdige in der Welt. In Hinsicht auf die Sünde der Lust ist er unbefleckt, daß er wohl Bürgers Lied von der Manneskraft allen Männern der Haupt- und Residenzstadt zurufen kann. Seine sogenannte Weltsitte hat man als roh ausgeschrien, wahrscheinlich darum, weil er seinen Genius nicht beim Tanzmeister geholt und ihn nicht den Großen in die Vorzimmer schickt, weil er sein Selbstgefühl nicht wie der falsche Jünger den Herrn, beim ersten Hahnenrufe verleugnet, weil er nicht seine Kunst wie der Stadtmusikant Miller um etwas Warmes gibt, weil er nicht so glatt ist wie die abgegriffene Münze, weil — er sein will, der er ist. Die Weltsitte gebietet, daß man dem Adel mit einem Bücklinge begegne — der Wappenbrief van Beethovens soll ihm wenigstens das Recht sichern, gerade auftreten und umhersehen zu dürfen. Übrigens wird es wohl auf die Nachwelt kommen, daß diesen Meister die Zeit erkannt und die Besten geehrt haben. Ich nenne einen seiner Schüler, der für alle gelten mag: Erzherzog Rudolf von Österreich. Immer spricht Beethoven diesen Namen mit kindlicher Verehrung wie keinen andern aus.

Von den Großen, in deren Kreisen er in frühern Jahren mehr gewesen war, nahm er einen Vertrauten in seine Zurückgezogenheit mit: den Grafen Lichnowsky, einen Edlen in der edelsten Bedeutung. Sie lieben sich und erwärmen sich beide an dem ewig heißen Busen der Kunst.

Seine Lebensweise, insofern dabei auf die Einteilung der Tagesstunden in die Abfertigung der Bedürfnisse und Geschäfte gedacht wird, ist allerdings etwas regellos. Es ist natürlich, daß einer, der im Dienste eines Gottes steht, losgesagt sei von dem Gebote der Zeit und Welt. Von der Zeit scheint er kaum eine andere Notiz zu nehmen, als die ihm die

Sonne oder die Sterne mitteilen; dadurch gerät er freilich bei jenen in übles Gerede, die der Zeit und der Welt knechtisch dienen und von höherm Berufe nichts wissen. Es ist nicht zu leugnen, daß es sehr übel um die Ordnung im Gemeinwesen stehen würde, träten viele oder alle Menschen in solchen Dienst und sagten sich auch also los von der Ordnung der Zeit; allein diese Bedenklichkeit beschwichtigt die Versicherung, daß die Götter auf Erden keinen großen Hofstaat halten und daß sie nur alle Jahrhunderte einen wie Beethoven zu ihrem Großwürdenträger aufnehmen.

Diese Regellosigkeit erreicht den höchsten Grad in der Zeit der Produktion. Da ist er oft mehrere Tage abwesend von Hause, ohne daß man weiß, wohin er gegangen. Er will der großen Welt entrinnen und läuft hinaus vor die Stadt in das Freie, in die stillen Dörfer, in die grünenden Wälder, wo die Vögel singen, auf die Hügel und Berge, wo der Mensch näher am Himmel steht, auf die Fluren, wo sich ihm eine blühende Natur um die gebärende Brust legt. Des Künstlers Genius ist wie die Biene: sie fliegt aus dem heimatlichen Korbe weit weg, um ihre zarten Flügel mit dem Himmelstaue zu netzen, auf daß sie auf denselben die süße Ladung heimtragen könne.

Karl von Bursy. Wien, am 1. Juni 1816.

Wie sollte ich den Tag nicht bemerken und auszeichnen, an dem ich Beethoven kennen gelernt? Schon gestern suchte ich ihn und fand ihn nicht, denn sein Logis hatte mir Herr Riedl falsch angegeben. Er wohnt auf der Seilerstadt Nr. 1056 und auch nicht, wie Madame Nanette Streicher mir aufgeschrieben, 1055. Ich hatte durchaus die Idee, Beethoven müsse in einem der fürstlichen Schlösser hausen und im Schutze eines Mäzenaten seiner hohen Kunst leben. Wie sehr befremdete es mich, als mich ein anwohnender Heringskrämer in das Haus neben sich wies mit den Worten: „Ich glaube, der Herr von Beethoven wohnt hier dicht bei, denn ich habe ihn öfters da hineingehen sehen." Parterre fragte ich nach und hörte, Beethoven wohne im dritten Stock, drei Treppen hoch. Also ganz wider mein Erwarten! Ein elendes Haus und nun noch drei Treppen hoch! Enge führten die steinernen Stiegen hinan in das Zimmer, worin ein Beethoven wirkt und schafft. Ich kann gestehen, daß ich beengt im Herzen war, als stehe mir etwas Großes bevor. Freilich war es auch nichts Alltägliches, was ich sehen sollte, kein Mensch der Alltagswelt, mit dem ich zu sprechen hoffte; denn gewiß konnte ichs mir noch nicht versprechen. Eine kleine Tür, zu deren Eröffnung ich die Klingel zog, führte mich in ein kleines Vorhaus, das eins war mit der anstoßenden Küche und Kinderstube. Da empfing mich der Bediente, der mit seiner Familie zu Beethovens Hausgerät zu gehören scheint. Er wollte mich gleich hereinlassen, allein ich gab ihm meinen Brief von Amenda und wartete nun mit bangem Gemüt auf Antwort. „Treten Sie gütigst herein!" rief mir endlich der rückkehrende Diener zu und hinter einer dichten wollenen Türgardine trat ich in das Heiligtum. Aus dem Nebenzimmer kam mir Beethoven entgegen. Es war mir schwer und unnatürlich, dem Meister meiner Kunst nur ein fernes und fremdes Kompliment zu machen. Seine Hand hätte ich fassen und darauf den Kuß der innigsten Verehrung drücken mögen.

Wenn Jean Paul meinem Gedankenbilde ganz widersprach, so stimmte Beethoven ziemlich gut damit. Klein, etwas stark, zurückgestrichenes Haar, worunter schon viel graues zu sehen ist, ein etwas rotes Gesicht, feurige Augen, die zwar klein, aber tiefliegend und voll ungeheuren Lebens sind. Beethoven hat, besonders wenn er lacht, sehr viel Ähnlichkeit mit Amenda. Nach diesem erkundigte er sich vor allem und äußerte Gefühle

der wahren Freundschaft gegen ihn. „Er ist ein sehr guter Mensch", sagte er. „Ich habe das Unglück, daß alle meine Freunde von mir fern sind und ich nun allein stehe in dem häßlichen Wien." Er bat mich, laut mit ihm zu sprechen, weil er gerade jetzt wieder besonders schwer höre, daher er auch im Sommer nach Baden und aufs Land wolle. Überhaupt ist er seit lange her nicht gesund und hat nichts Neues komponiert. Ich fragte ihn nach dem Operntext von Berge und er sagte, er sei recht gut und schicke sich mit einigen Abänderungen wohl zur Komposition. Bis jetzt habe seine Krankheit noch nicht eine solche Arbeit erlaubt und er wolle selbst an Amenda deswegen schreiben. Ich schrie ihm ins Ohr, man müsse zu solcher Arbeit wohl vollkommene Zeit und Muße haben. „Nein," sagte er, „ich mache nichts so fort und fort ohne Unterbrechung. Immer arbeite ich an mehrerem zugleich, bald nehme ich dann dies, bald das vor." Er mißverstand mich sehr oft und mußte, wenn ich sprach, die größte Aufmerksamkeit anwenden, mich zu verstehen. Das genierte und störte mich natürlich sehr. Auch er fühlt das Drückende und spricht selbst um desto mehr und zwar sehr laut.
Er erzählte mir viel von Wien und seinem Leben hier. Gift und Galle wütet in ihm. Allem trotzt er, mit allem ist er unzufrieden und flucht besonders über Österreich und namentlich über Wien. Er spricht schnell und mit großer Lebhaftigkeit. Oft schlug er mit der Faust auf sein Klavier so heftig, daß es laut im Zimmer widerhallte. Zurückhaltend ist er nicht, denn schnell führte er mich in seine persönlichen Verhältnisse ein und erzählte mir viel über sich und die Seinigen. Das ist gerade das Signum diagnosticum der Hypochondrie. Mir war diese Hypochondrie ganz erwünscht, denn nun erfuhr ich aus seinem eignen Munde soviel über sein Leben. Über die jetzigen Zeiten klagte er und zwar aus mehreren

Gründen. Die Kunst steht nicht mehr so hoch über das Gemeine, ist nicht mehr so geachtet und besonders nicht so geschätzt in bezug auf die Belohnung. Beethoven klagt über schlechte Zeiten auch in pekuniärer Hinsicht. Sollte man es glauben, daß ein Beethoven Veranlassung zu solcher Klage hat? O, ihr Reichen! wie arm seid ihr, wenn ihr nichts habt, was ihr für Beethoven erübrigen könnt! Er schwimme im Überfluß und dann seid auch ihr ohne Mangel. Gebt ihm hier einen Teil der Schätze, die ihr verpraßt, und euer Leben wird reich werden an Taten. Jeden Kummer, jede Sorge, die ihr einem Beethoven vom Haupte nehmet, dankt euch die späteste Nachwelt; denn frei von irdischer Sorge und Ängstlichkeit muß Beethoven sein, wenn er der Welt genugtun will. Er hat zu ungeheure Kräfte in sich, um nicht mit jeder Minute und von jeder Minute einer ihn verehrenden Künstler-, Mit- und Nachwelt Fruchtrechenschaft darlegen zu müssen. „Warum bleiben Sie in Wien, da jeder ausländische Herrscher Ihnen einen Platz bei seinem Hofe, neben seinem Throne anweisen würde?" „Mich fesseln Verhältnisse hier," sagte er, „aber es geht hier lumpig und schmutzig zu. Es kann nicht ärger sein. Von oben bis unten ist alles Lump. Niemanden kann man trauen. Was man nicht schwarz auf weiß hat, das tut und hält kein Mensch. Sie wollen, man soll arbeiten, und bezahlen wie die Lumpe und nicht einmal das Verabredete. Zudem hat man ja im Österreichischen nichts, da alles nichts d. h. Papier ist." Beethoven hat zur Kongreßzeit eine Kasualkantate komponiert. „Der Text war beschnitten und beschoren wie ein französischer Garten" sagte er. Und dennoch kams nicht einmal zur bestimmten Aufführung. Nach vielen Kabalen gab er eine Akademie im Redoutensaal. Der König von Preußen bezahlte ein Extrahonorar von 10 Dukaten: sehr lumpig! Nur der Kaiser von Rußland bezahlte sein Billett honett mit 200 Dukaten. Daß der Generalintendant der kaiserlichen Schauspiele, Graf Palffy, bei dieser Gelegenheit einen tüchtigen Wischer bekommen, freute ihn sehr. Diesem will er besonders nicht wohl.

Fürs Geld scheint Beethoven sehr importiert und ich muß es gestehen, das macht ihn menschlicher, d. h. es bringt ihn uns näher. Es zeigt ihn nur als irdischen Staubbewohner und dadurch als einen Verwandten, da er als Künstler nicht der Erde angehört. Ich fühlte mich ihm näher, als er so von dem Haupterfordernis des Erdenlebens sprach. Traurig genug, aber wahr! Ich muß das frei gestehen: die weniger ideale Seite des idealen Künstlers brachte mich ihm näher. So gemein ist der gemeine Mensch! Von Musik sprach ich nicht viel mit dem, der so unendlich hoch über mir steht. Etwa aus Eitelkeit? – Nein! – Den vollendeten Künstler nicht in meine niedere Sphäre blicken zu lassen und seinem Auge die gemeine Aussicht zu ersparen, darum schwieg ich. Daß sein „Fidelio" so oft mit solchem Beifall in Berlin gegeben ist, das erfreute ihn. Den Verlust der Milder-Hauptmann bedauerte er. „Ihre Stelle ist uns unersetzt," sagte er, „was sie singt, singt keine der hiesigen Sängerinnen ihr nach. Wir konnten sie nicht bezahlen, darum tat sie wohl nach Berlin zu gehen. Die Musik ist hier sehr im Verfall. Der Kaiser tut nichts für die Kunst und das übrige Publikum nimmt mit allem vorlieb."

Beethovens Bruder ist kürzlich gestorben und die Erziehung des hinterbliebenen Neffen hat er übernommen. Darüber sprach er viel, tadelte bei der Gelegenheit die hiesigen Schulen, in die er den Kleinen geschickt, aber aus denen er ihn auch wieder genommen. „Der Knabe muß Künstler werden oder Gelehrter, um ein höheres Leben zu leben und nicht ganz im Gemeinen zu versinken. Nur der Künstler oder der freie Gelehrte tragen ihr Glück im Innern." Er sprach hier herrliche

Ansichten aus über das Leben. Sobald er schwieg, so runzelte sich seine Stirn und er hat ein düsteres Ansehen, daß man Scheu vor ihm haben könnte, wüßte man nicht, daß der Grund einer solchen erhabenen Künstlerseele schön sein muß. Vertrauen einflößend, erlaubte er mir, ihn recht oft zu besuchen, da er nur ab und zu nach Baden reisen würde; ich möchte mich an ihn wenden, wenn er mir behilflich sein könnte. Meine Wohnung schrieb er sich auf und sagte mir beim Abschied die herzlichen Worte: „Ich werde Sie schon einmal holen lassen!"
So habe ich denn ihn gesehen, den ich so über alles schon seit Jahren geschätzt, geliebt, verehrt. Wäre Beethoven nicht so schwerhörig, ich würde mir gewiß seine Zuneigung und seinen vertrauteren Umgang erwerben. Ungeachtet seiner scheinbaren Härte und Kälte macht ihn doch ein Gemüt weich und warm, das sich ihm ganz hingibt, ohne seiner als einer Stütze zu bedürfen. Den Unwert des Ranges in Wien lobt er. „Ich habe selbst", sagte er, „in Prozessen mit Fürsten und Grafen erfahren, daß Rang und Stand vor Gericht nichts gilt; denn ich habe meine gerechte Sache, auf der ich bestanden, gegen mächtige Herren durchgeführt und gewonnen." Seine Wohnung ist freundlich, sieht nach der grünen Bastei und ist ziemlich ordentlich und sauber eingerichtet. Das Vorzimmer hat auf einer Seite sein Schlafkabinett, auf der andern sein Musikkabinett, worin ein verschlossener Flügel steht. Noten sah ich nur wenig, einige Flick Notenpapier lagen auf dem Schreibtisch. Zwei gute Ölporträts hängen an der Wand, ein männliches und ein weibliches.
Beethoven selbst war nicht wie Jean Paul in Lumpen gehüllt, sondern ganz in Gala. Das bestätigt mir, was ich schon von ihm gehört, daß er eitel sei und deshalb auch seine Taubheit ihm besonders lästig wird. Daher vielleicht seine

Entschuldigung gegen mich, daß er sonst besser höre als gerade jetzt. Übrigens finde ich die Aussage, er sei zuweilen wahnsinnig, nicht bestätigt nach den Erkundigungen, die ich über ihn einziehe. Herr Riedl versichert mir, er sei es durchaus nicht und habe nur allein den sogenannten Künstlerspleen. Darunter denkt ein jeder was Besonderes. Riedl z. B. als Kunsthändler und Verleger mehrerer Beethovenschen Werke hält wahrscheinlich den teuren Preis, den er auf seine Manuskripte setzt, für solchen Spleen, denn wirklich sagte er mir, daß Beethoven ungeheuer teuer mit seinen Arbeiten sei. Meine Begriffe von Künstlerspleen nähern sich diesen kaufmännischen. Wenn ein Mann wie Beethoven, der vollendet dasteht, sich selbst hochstellt und hochschätzt, seinen Wert hoch anschlägt, höher anschlägt als der Fürst seinen ererbten Ahnenwert, wenn er im Menschen nur den Menschen liebt und achtet, nicht den Titel und das Kleid, wenn er daher stolz ist gegen die Stolzen, hochmütig gegen die Hochmütigen, die so tief unter ihm stehen, dann ist er im Falle, wo ich ihm einen Künstlerspleen zurechne, der ihn mir noch mehr achtungswert macht. Fühlte Beethoven nicht seinen Wert, er wäre nicht Beethoven, wäre nicht der große Künstler, den ich jetzt in ihm verehre. Wie erbärmlich klein seid ihr sogenannten großen Herren gegen Beethoven!

Am 25. Juli bemerke ich nur einen Gang zu Beethoven um 10 Uhr. Um von seinem Versprechen Gebrauch zu machen, ging ich zu ihm mit meinem Exemplar des „Fidelio", damit ers mir weihe zum heiligen Andenken des Meistersängers durch seine Handschrift. Er war nicht zu Hause. Der Bediente führte mich in sein Zimmer und ich schrieb meinen Morgengruß und meine Bitte an ihn auf einen kleinen Zettel. Mir war ganz sonderbar zumute, als ich mit seiner Feder in sein Tintenfaß tauchte. Mich umwehte es wie Gottesluft und der

Kiel schien mir aus Pegasus' goldnem Flügel genommen. Während der Bediente einen Augenblick ins Nebenzimmer trat, faßte michs wie mit Teufelskrallen, einen Diebstahl zu begehen. Einen Augenblick rang mein besserer Wille dagegen und ich widerstand der Lockung. Doch der böse Geist wußte sich Sieg zu erkämpfen. Ich blieb noch länger allein und die Lockung reizte mit zunehmender Gewalt. Der schwache Wille lag ohnmächtig darnieder und der Frevel war geschehen. Wie Faust seinen Teufelsbund nicht verheimlichen konnte, sondern an der Hand zunächst dem Herzen gebrandmarkt ward durch die blutige Wunde, so zeugt auch an meinem reinen Kleide, gerade wo das Herz darunter seinen Sekundenschlag übt, ein schwarzer Fleck den Sieg des schwarzen Höllengeistes. Beethovens Schreibfeder, stark gebraucht und in ihrer Konstruktion den innersten Kausalgrund seiner charakteristischen Schriftzüge enthaltend, ward für mich die heiße, lockende Frucht, die mir die Schlange lockend reichte; ich griff rasch zu und die Sünde war geschehen, begangen der – Diebstahl. Das Corpus delicti liegt nun in meinem Schreibepult und bleibt mir immer ein Denkmal einer schwachen Stunde.
Am 27. Juli früh um 7 Uhr ging ich zu Beethoven. Ich fand ihn zu Hause und verplauderte eine gute halbe Stunde recht angenehm mit ihm. Vorzüglich sprach er viel gegen Wien und zwar mit Ingrimm. Er wünscht sich aus Wien und ihn hält hier zum Teil auch sein Brudersohn, ein Knabe von zehn Jahren, den er gern zur Musik erziehen will, wenn er nur irgend was Eminentes leisten kann. Er soll schon recht brav Klavier spielen. Jetzt nimmt er ihn zu sich ins Haus und will ihm einen Erzieher geben. Beethoven war sehr herzlich und sein Händedruck beim Abschied machte mich mir selbst werter, erhob mich aus der gemeinen Sphäre des alltäglichen Lebens.

Ich fand Beethoven beim Schreibtisch an einem Notenblatt und vor einem gläsernen Kolben, in dem er sich seinen Kaffee kochte. Seine beiden Pianoforte sah ich noch nie geöffnet. Ich fragte ihn nach dem Operntext von Berge. „Es lohnt hier nicht, Opernkomponist zu sein, denn die Theaterdirektion bezahlt uns nicht." Auf die Notenhändler schimpft er, daß sie ihm durch ihre Nachstiche solche Verwirrung in seinen Werken machen. Sie geben die Nummern nach ihrer Willkür. So hatte Mollo neulich die Trio=Variationen aus Es=dur nachgestochen und Op. 82 darauf gesetzt, da für diese Nummer vier Lieder gehören und jene Variationen eine weit frühere Zahl haben. Es ist wirklich recht gemeine Spitzbüberei und alles, was zum Buchhandel gehört, hat hier den Anstrich der höchsten Gemeinheit. Durchaus kein Ernst in diesem Geschäft.

Fanny del Rio. 25. Januar 1816.
Was ich so oft vergebens gewünscht habe, Beethoven möchte zu uns kommen, ist geschehen. Gestern nachmittags kam er mit seinem kleinen Neffen, das Institut zu sehen, und heute ist schon alles in Richtigkeit. Nichts von meiner kindischen Verlegenheit, dennoch bin ich zu entschuldigen, da so viele Gedanken mir im Kopf herumfuhren und die Auspizien so übel waren, daß ich sehr zerstreut war. Wie angenehm es ist, eben auf solche Art in Verbindung zu kommen mit dem, den ich als Künstler so innig verehre und als Menschen achte, kann ich nicht beschreiben. Es ist mir wie ein Traum, daß, was wir jahrelang wünschten, nun so überraschend geschehen ist. Wie sehr würde es mich freuen, wenn wir in wahre freundschaftliche Verhältnisse mit Beethoven träten und ich vielleicht hoffen dürfte, einige Stunden seines Lebens ihm angenehm zu machen, ihm aber, der schon so manche trübe Wolke

aus meinem Leben verscheucht hatte. Das innige Mitleid, welches ich mit seinem traurigen Zustand habe, ist ein Hauptgrund, es zu wünschen. Der junge Mann, welcher mit ihm war, sagte Nanni: „Beethoven wird Sie nun recht oft besuchen", als wenn er gewußt hätte, wie sehr wir es früher gewünscht hatten. In dieser Hoffnung ist es mir so angenehm zu leben und ich fühle nun ein besonderes Interesse für ihn für den Lauf der künftigen Tage. Die Stimmung vorgestern machte mich viel geneigter, in Gesellschaft mehrerer fremder Menschen zu sein.

30. Januar.

Die Tage beschäftigte mich Beethoven so sehr, das heißt die Erwartung seines Neffen, daß ich mich fast schämte, desto mehr da ich Leopolds und Nannis Gedanken nicht so ganz unmöglich finde, als es manche finden würden. Wünschen kann ich es nicht, aber verreden will ich es auch nicht, denn ich glaube kaum, daß meine Verehrung seines Genies durch näheren Umgang vermindert werden würde; an Achtung könnte ich aber wohl gewinnen, wenn ich ihn so herzlich und gut fände, wie er uns geschildert wird und was ihn mir jetzt schon ungemein interessanter macht. Es ist mir unmöglich, mich jetzt mit etwas anderem zu beschäftigen als mit meinen angenehmen Gefühlen über unsere neue, so interessante Bekanntschaft mit Beethoven. Er brachte den ganzen Abend bei der Mutter und mir zu und hat in der Zeit sich als einen Mann von seltenen moralischen Gefühlen, mit einem Wort sich als einen so achtungswürdigen, braven Mann gezeigt, daß mein Enthusiasmus für ihn durch das gediegenste Gefühl der Achtung erhöht wird.

22. Februar.

Nun einige Worte von der gestrigen Abendunterhaltung. Gewöhnlich finde ich im gemeinen Leben die Erwartung weit angenehmer als den Genuß, so auch hier: wir hatten uns recht viel vorgestellt und in der Hauptsache war es nicht so, als es hätte sein können und sollen. Es lag wohl an der Gesellschaft, denn Nanni bot alles auf, um sie allgemein zu beleben. Beethovens Anblick erfreute mich, ich kann nicht mehr sagen, denn gesprochen habe ich fast gar nichts mit ihm. Vorgestern abends war er bei uns und nahm vollends unser Herz ein. Dieser feste, gediegene Charakter gefällt uns so sehr an ihm, diese Bescheidenheit und Herzlichkeit. Der Kummer, welchen ihm die unglücklichen Verhältnisse mit der Mutter machen, greift ihn sehr an: das betrübt mich wahrlich, denn er sollte recht glücklich sein. Wenn er sich nur recht sehr an uns anschlösse und durch unsere herzliche Teilnahme Beruhigung und Heiterkeit fände! Der Vater fragte ihn, warum er uns bei der Kinderunterhaltung so bald verlassen habe, und er antwortete, sein Gesicht gehöre nicht unter frohe Gesichter und es drückte ihn so sehr, daß er es nicht mehr aushalten konnte. Ich fürchte sehr, daß im längeren, näheren Umgange mit diesem braven, vortrefflichen Menschen mein Gefühl für ihn mehr als Freundschaft werden dürfte und daß dann sehr viele unruhige Stunden mir bereitet wären... Dennoch will ich manches Unangenehme gern ertragen, wenn es nur in meiner Macht stände, ihn heiter zu machen.

23. Februar.

Auch gestern war Beethoven den ganzen Abend bei uns. Nanni war bei der Probe und ich und Mama ganz allein. Was ich, als Mama zum Vorlegen gegangen, mit ihm über seine Kompositionen und Musik überhaupt sprach, war mir ebenso interessant als die erneuten Bemerkungen, welche ich als Mensch über ihn machte. Mir wird es nicht leicht zu viel, mit ihm zu sprechen, obwohl die Unterhaltung sehr erschwert ist seines Unglücks wegen; doch besorge ich immer, daß er die andern geniert.

26. Februar.

Vorgestern war Beethoven wieder mehrere Stunden in unserer Mitte. Dieser Abend hinterließ mir einen ungemein angenehmen Eindruck, welcher den Wunsch mit sich führt, mehrere ihm ähnliche zu erleben. Er zeigt sich uns oder vielmehr wir sehen ihn immer mehr in jenem schönen Lichte, welches die wahrhaft Guten umgibt. Was er von seinem Freunde erzählte, von seiner vortrefflichen Mutter, sein Urteil über Männer, die sich mit ihm in eine Linie stellen, alles zeugt von einem ebenso gebildeten Herzen als Verstand. Überhaupt finde ich das meiste, was er spricht, wert aufgeschrieben zu werden, so richtig und gediegen ist es. Wenn ihm unsere Gesellschaft recht unentbehrlich werden könnte, so würde es mich recht glücklich machen!

27. Februar.

Die Bekanntschaft mit Beethoven bringt ein angenehmes Interesse in mein Leben. Der Gedanke, daß er den Abend bei uns zubringen könnte, erfreut mich des Tages über, obwohl es nicht angenehm ist, wenn irgend jemand bei uns ist, da man im Reden geniert ist. Ich hoffe, daß es so angenehm bleiben wird.

2. März.

Was war das? so rufe ich nach einem Gespräche aus welches ich soeben mit Nanni über Beethoven führte; soll er mir denn wirklich schon so interessant, ja so teuer geworden sein, daß mich dieser scherzhafte Rat meiner

Schwester, mich nicht in ihn zu verlieben, recht sehr verdroß und schmerzte? Es ist ein Elend mit mir! ich lasse mich von dem Gedanken hinreißen, ein Leben, mit Liebe verwebt, wenn es auch manche unruhigen Stunden mit sich bringt, sei besser als dieses leere, tote Fortvegetieren eines warmen Herzens! Und es ist doch nicht wahr! Ja wenn ich näher mit ihm bekannt werde, so muß er mir teuer, ja sehr teuer werden. Das soll er ja und darf es werden. Warum gleich an eine nähere Verbindung denken, die ich bei genauer Betrachtung fast für unmöglich ansehe? — Wie kann ich aber auch so eitel sein, zu glauben, daß es mir vorbehalten sei, diesen Geist zu fesseln! Diesen Geist oder dieses Herz? Ja, dieses vortreffliche Herz wäre ganz nach meinem Sinn. Genug auf lange über diesen Punkt, es würde mir ganz die Unbefangenheit im Betragen mit ihm rauben. Auch habe ich, kleine Neckereien ausgenommen, noch nie mit Nanni ernsthaft darüber gedacht und geredet. Gestern wollte ich schon schreiben, weil mich meine dumme Stimmung stürzen machte. Ich sage es, wenn ich über manchen Punkt vernünftig bin, hier ist es, als wenn ich eine fixe Idee hätte und werde nur in meinem Alter gescheiter werden.

4. März.

Beethovens Geschenk, „Die Schlacht bei Vittoria", freute mich ungemein, ebenso sehr, daß er an uns dachte. — Was kann ich dafür, daß heute morgens bei einer nicht sonderlich guten Laune, welche vermutlich Mamas Husten die Nacht hindurch hervorbrachte, die ersten Worte jener Schrift, welche Karl mir beim Frühstückmachen zu lesen gab und welche ihm sein edler, vortrefflicher Onkel geschrieben hatte, Tränen entlockte! ... Und dieser Mensch ist nicht so glücklich, als er es als Mensch sein könnte!

7. März.

Beethoven hörte eine Weile zu; das ängstete mich noch seinetwegen, so sehr ich gewünscht hätte, daß er den Abend vorher zu uns gekommen wäre. Wenn nur die fatalen Geschichten mit der Mutter ein Ende hätten! Der arme, redliche Mann nimmt es sich so sehr zu Herzen, daß er noch krank werden könnte! Meinem teuren Duncker schrieb ich recht viel von Beethoven: wenn er nur recht bald antwortete!

11. März.

Gestern im Gesellschaftskonzert war ich mit der Ausführung nicht zufrieden, demungeachtet freute es mich Musik zu hören, Musik von unserm teuren Beethoven. Neulich abends war er mir wieder so lieb. Alles, was er erzählt und sagt, hat so sehr das Gepräge des Echten und Wahren! Wenn er nur recht oft käme und uns recht lieb gewänne!

12. März.

Gestern abends hoffte ich lange vergebens, daß Beethoven kommen würde, ich war allein mit der Mutter. Nur unsere gewöhnliche fatale Abendgesellschaft, Herr A... erschien. Endlich, als ich mich schon in das Geleise der gewöhnlichen Abende begeben hatte und etwas draußen zu tun hatte, läutete jemand und siehe da! es war mein teurer Beethoven. Er hat wohl keine Idee, wie lieb er uns ist und mir manchmal ganz besonders. Häßlich kam er mir nie vor, aber jetzt fängt er mir sogar an zu gefallen, besonders sein liebes Wesen; er ist in allem originell und was er sagt, hat Gewicht.

14. März.

Gestern abends war Beethoven wieder bei uns. Die Mama, Leopold und Nanni sprachen durch mich mit ihm. Leider, daß es so ist. Aber wie gerne würde ich auch in die Länge dieses Ämtchen übernehmen. Er war sehr gut gestimmt, vermutlich weil seine Vormundsgeschäfte so glücklich sich enden. Wir sprachen viel über den Musikverein, lachten und ärgerten uns über die Einrichtungen in unserem Staate usw. Es freut mich sehr, daß er die Gedichte von Leopold gelesen hat; denn daraus kann er recht erkennen, wie sehr wir ihn schon lange ehren. Als Leopold fortging, da wollte er auch gehen, Nanni ließ ihn merken, daß es uns angenehm wäre, wenn er noch bliebe, und er sagte, es schicke sich ja nicht für ihn, da er der jüngste Bekannte sei, doch wir ermunterten ihn mit dem Bedeuten, daß wir nicht so sehr auf Etikette sehen. Auch blieb er noch. Wie sehr es mich freut, wenn wir ihm recht lieb werden geworden sein. Ach wenn wir ihm nur recht lieb würden! So wie Duncker! Wird das wohl geschehen? Er könnte uns den Abgang dieses Freundes ersetzen, was die Gesinnungen betrifft, wenn auch nicht den gesellschaftlichen Umgang, denn der ist doch im ganzen ungemein erschwert.

17. März.

Vorgestern war Beethoven den ganzen Abend bei uns. Nachmittags auf einen Sprung, um uns mit Erstlingen des Frühlings, wie er sagte, uns den Frühling zu bringen. Dieses Erinnern an uns freute mich ungemein. Abends sprach ich viel mit ihm über Spaziergänge, Baden und die Geschichte mit Karls Mutter. Dieses reine, sonderbare Gefühl für Natur ist so schön an ihm! Die Festigkeit, mit welcher er seinem Werte nichts vergibt in Rücksicht seines Lebens mit den Großen, gefällt mir ungemein. Sein Geständnis der Art von Mißtrauen, weil er seinem Gefühle nicht freien Lauf lassen konnte, welches uns vor kurzem so ängstete, belustigte mich und Nanni, die von der Probe zurückgekommen war, wegen der zusammentreffenden Umstände und dem Namen Schönauer, der, wie wir wissen, in einer ganz andern Hinsicht freilich gar nicht mit ihm harmoniert. Ich war oft mit ihm allein und besorgte, ihm langweilig zu werden, aber er hätte ja weggehen können. Der Vater kam und wir zwangen ihn auf eine so herzliche Weise, mit uns Abendmahl einzunehmen, daß er dablieb und uns mit seinen so originellen als richtigen Bemerkungen, seinen lustigen Wortspielen und manchen Beweisen der Zutraulichkeit recht sehr erfreute. Es war 12 Uhr, als er uns verließ. Was mich betrifft, wie wollte ich so gern mir von dem Schlafe abbrechen, wenn es nur öfters geschähe.

21. März.

Es drängt mich, mich mit meinen Blättern zu beschäftigen, da ich, was seit heute vormittags in meiner Seele vorgeht, selbst meiner Schwester verschwiegen habe, welche sonst meine innersten Gedanken weiß. Kann ich mir es noch verhehlen, was mich in eine Stimmung brachte, daß ich immer weinen wollte? Ja es interessiert mich Beethoven auf jene eigennützige Weise, daß ich will, ich soll ihm auch ausschließend gefallen, und der Gedanke, welchen der Vater durch das Erzählen von einer einst zu unternehmenden Reise, von seinen Worten, daß er nie ein heiligeres Band knüpfen würde, als das ist, welches ihn jetzt an seinen Neffen bindet, der Gedanke also, durch Verhältnisse getrennt von ihm zu werden, das bestimmte Aufgeben meiner Phantasie, denn anders kann ich es nicht nennen, welche mich ohne mein Wissen recht sehr beschäftigte, hat jene Stimmung hervorgebracht. Ich schäme mich arg, daß ich mir es gestehen muß, aber derjenige möge mich richten, welcher mit einem Herzen, welches die Kraft in sich fühlt, unendlich zu lieben, schon manchem Schmerz unterlegen, weil es seinem schönen Gefühle nicht freien Lauf lassen konnte, wenn es einen Gegenstand findet, den es mit all seiner Liebe umfassen könnte und hoffen dürfte, ihn dadurch zu beglücken, sich kalt verschließen soll. Ich fragte mich neulich und öfters schon in früherer Zeit, warum mir denn die kindliche und schwesterliche Liebe, welche denn doch die reinste ist, nicht genügen kann! Darüber ist aber schwer zu grübeln und hier kommt es nur darauf an, Herr seiner selbst zu werden, was mir bisher so schlecht gelungen ist. Bis ich denn diese Kraft und Ruhe werde erlangt haben, nehme ich mir vor, über diesen Punkt meiner Zukunft weniger nachzudenken oder vielmehr die Gedanken darüber zu verjagen, in kindlicher Erwartung fortzuleben als treue Tochter, Schwester und Freundin; dann werde ich allmählich zu reiferen Jahren gelangt sein, wo es mir dann nicht mehr so schwer fallen wird, den lebhaften, unvernünftigen Wünschen meines Herzens Stille zu gebieten.

23. März.

Als ich nach Hause kam, hörte ich, daß Beethoven den ganzen Abend dagewesen wäre: er hatte mit der Mutter und den Kindern mit Kugeln gespielt und uns Shakespeare gebracht. Er hatte manches von seinen Eltern und Großvater erzählt, welcher ein wahrer Ehrenmann gewesen sein soll.

30. März.

Gestern und alle die verflossenen Abende erwarteten wir Beethoven vergebens. Der Vater wollte mich mit dem Kleinen zu ihm mitnehmen und ich versagte mir wirklich eine wahre Freude, daß ich nicht ging. Es war ein inneres Gefühl in mir, was mir sagte, ich solle es nicht tun, und der Vater fand es auch für gut, als er nach Hause gekommen war. Der gute

Beethoven ist schon einige Tage nicht ganz wohl. Alles verstimmte mich so sehr, dennoch ist mir alles unendlich interessant, was ich von diesem Mann höre!

3. April.

Unser teurer Beethoven, den wir neulich in Gegenwart der Schönauerischen nur einige Augenblicke sahen, schrieb gestern seinem Kleinen einen sehr lieben Brief, worin er ihm wieder so viel Schönes und Gutes sagt, daß es mir wahre Freude gemacht hat, ihn zu lesen; indes finde ich es doch nicht ganz recht, daß er ihn nicht in seiner Unbefangenheit fortleben läßt, sondern ein Vertrauen in Anspruch nimmt, dessen Vorteile und Wert der Kleine gar noch nicht zu schätzen weiß, und ihn auf diese Weise nur grübeln machen könnte, was ihm etwa fehle, oder nach seiner nicht zu großen Liebe zur Wahrheit noch gar verleiten könnte, ihm Unwahrheiten vorzusagen. Doch das kommt wohl von dem Wunsche, ihm die Liebe zur Mutter zu ersetzen und ihm alles zu sein.

11. April.

Dienstag nachmittag [9.] sah ich Beethoven wieder nach ziemlich langer Zeit, da er krank war, was uns wirklich oft für die Folge für ihn besorgt machte. Ich war ganz allein mit ihm und da er wenig teil an dem zu nehmen schien, was ich ihm sagte, so war mir nicht angenehm zumute. Es kam Leopold, Nanni und die Mutter und da wurde es etwas lebhafter. Er sprach einmal von seinem Übelbefinden und sagte, das würde auch einmal sein Ende sein, diese Anfälle von Koliken; da sagte ich ihm ins Ohr, das solle noch lange hinausgesetzt sein. Doch er antwortete: „Ein schlechter Mann, der nicht zu sterben weiß! ich wußte es schon als ein Knabe von 15 Jahren." Ja freilich, meinte er, für die Kunst habe er noch wenig getan; da rief ich ihm mit Freimütigkeit zu: deswegen könne er keck sterben. Diese wenigen Worte verstimmten mich sehr, der Gedanke nämlich, daß er bald sterben könnte. Seine neue Komposition, „Die Hoffnung" aus Tiedges „Urania", mit dem Rezitativ ist göttlich. Ich war so entzückt als Nanni, als wir es spielten und sangen, es hob uns himmelan!

16. April.

Beethovens Erscheinen, seine obwohl nur augenblickliche frohe Laune machte mir einen angenehmen Eindruck und verlöschte zum Teil den ersten unangenehmen.

20. April.

Abends fanden wir unsern lieben Beethoven. Er schien uns recht fröhlich und guter Dinge. Doch viel wurde nicht gesprochen. Sein neckisches Wesen, die kleinen witzigen Ausfälle sind so originell als Mensch wie als Musikdichter. Ich wünschte nur, daß er recht oft käme, damit auch jene kleinen Unbequemlichkeiten, welche sich öfters in seinem Umgange finden, sich verlören, ich meine, daß man sich weniger genierte und ihm alles so sagen könnte, wie man es denkt.

4. Mai.

Die ernste Erscheinung Beethovens, dessen kaltes Benehmen gegen uns mir eine höchst unangenehme Empfindung erregte, die mich nun in meiner liebsten Beschäftigung begleiten wird. Die ängstliche Besorgnis, er möchte sein teures anvertrautes Gut nicht lange in unserer Obhut lassen, verläßt mich nicht, seitdem ich den Knaben gefragt, warum er geweint habe, und er mir geantwortet hat, der Onkel habe es ihm zu sagen verboten und die Hauptsache seiner üblen Stimmung wäre es nicht gewesen, was Nanni und ich geglaubt hätten, daß er ihm so lange nicht geschrieben habe. Gott weiß es, was da geschehen wird, aber ich weiß, daß es mir so schmerzlich fallen wird, das Band so bald gelöst zu sehen, das uns mit diesem vortrefflichen Menschen in Verbindung brachte, als es mich erfreut hatte.

8. Mai.

Unsere Lage mit Beethoven beunruhigt mich und raubt mir das angenehme Gefühl, mit welchem ich mich in Beziehung auf ihn als Mensch mit seinen Meisterwerken beschäftigte. Doch wenn er uns ernstlich etwas zur Last legt, könnte vielleicht meine hohe Stimmung von seiner Bildung herabgestimmt werden.

9. Mai.

Alles dies, die Geschichte mit der Brieftasche, daß uns Beethoven nicht mehr besucht ... stürmt mächtig den Tag über auf mich ein.

27. Mai.

Nanni meinte, als sie Dunckers Brief nicht ganz gelesen, man müsse ihn Beethoven zeigen, um ihm eine richtige Idee von dem Mann beizubringen, aber als ich sie später fragte, so ließ sie ein ähnliches Gefühl mit mir es nicht für gut finden. Nur eine Bemerkung über ihn, so zart sie angebracht ist, verbietet es uns. Es werden es manche nicht verstanden haben; ich glaube aber verstanden zu haben, was Duncker mit dem Wesen meint, was Beethoven finden könnte. Er war vorgestern abends heraußen, sein Wesen hat jetzt so manchmal so etwas Trübes, Unfreundschaftliches, daß es mich scheuer mit ihm macht und die vertrauensvolle Annäherung, welche an einigen Winterabenden schon recht im Gang war, zum Stocken bringt. Die Umstände haben da sehr viele Schuld, aber ich darf kaum hoffen, daß der liebe Wunsch, Beethoven möchte uns ein vertrauter Freund werden, in Erfüllung gehen werde, da sich die ersteren schwerlich ändern werden. Bei hundert andern Gelegenheiten so wie bei dieser möchte ich ausrufen: wäre Duncker hier, wäre es anders und besser!

7. Juni.

Einen dieser Abende war Beethoven hier. Es geschieht wie bei manchen seiner Äußerungen so oft, daß ich ausrufen möchte: ja so ist es, denn so fühle ich ... Doch mit einer konnte ich wohl gar nicht beistimmen, daß ihm sein Leben nichts wert sei und er es bloß des Knaben wegen erhalten wünsche! Diese zweimalige Äußerung verstimmte mich in einem unerlaubten Grade, denn sie brachte mich zu Tränen. Den teuren Wunsch meines Herzens, Beethoven mehr zu werden als gewöhnliche Freunde, ihn in unserem Kreise öfters erheitert zu sehen, werde ich mit Nanni nach und nach aufgeben müssen. Duncker schreibe ich davon. Vorzüglich schuld an diesem wenigen Näherücken mit ihm ist doch sein Gehör.

29. Juni.

Während der Zeit, in welcher ich mich im leidenden Zustand befand, erfreuten mich zweimal Beethovens Besuche. Es mag sein, daß mein Unvermögen, ihm im Lauf des Gespräches nichts sagen zu können oder wenigstens einen Gedanken durch den andern zu ihm bringen zu können, mich in eine Unruhe versetzte, welche mein Fieber vermehrte, indes litt ich es gern noch öfters, wenn ich dafür das Vergnügen haben könnte, diesen äußerst interessanten, von seltenem Verstande, von alter deutscher Redlichkeit und Biedersinn beseelten Mann sprechen zu hören. Er paßt wohl nicht in die gewöhnliche Welt und sein Eifer für das Wahre und Gute, welcher durch viele traurige Erfahrungen nichts von seiner Heftigkeit verloren hat, hat in unsern jetzigen Zeiten nur zu viel Gelegenheit, auf das schmerzlichste gekränkt zu werden; aber ist es nicht eben diese Heftigkeit, welche ihn uns desto achtbarer macht? Die Geschichte seiner Trennung von Lichnowsky, die Geschichte seines Dekrets sind zwar keines erfreulichen Inhaltes, doch interessierten sie mich besonders von ihm ungemein; bei ersterer gefällt mir die Festigkeit seines Charakters besonders. Er war nicht so heiter als die letzten Male und schien durch den Eifer, mit welchem er einige interessante Begebenheiten seines Lebens, aber vorzüglich eine kleine Zergliederung des jetzigen, ich darf es schon sagen: Menschenverfalles, denn wahr bleibt es doch, daß wir in solcher Epoche leben! vortrug, nicht besser gestimmt zu werden: das tat mir recht leid und ich hätte vieles gegeben, wenn er in unserem Umgange einige Erheiterung fände, doch ich hoffe kaum, daß dies je geschehen wird. Ach so gern hörte ich ihn spielen! Ich zeige ihm oft, ohne ihn gerade darum zu bitten, meine Lust, aber er hat noch nie meinen Wunsch erfüllt. Ich getraue mich nicht hierüber zu urteilen, ob es nur Laune ist, ob es zu große Bescheidenheit ist, welche ihn nicht einsehen läßt, was für eine Freude er uns damit machen würde, oder gar das Gefühl seines Wertes, welches ihn glauben macht, wir würden sein Spiel nicht nach Würde zu schätzen verstehn. Letzteres wäre denn freilich ein wenig stolz; ich denke mich in seine Lage und dächte vielleicht auch so, aber gefälliger wäre ich denn doch. Ich weiß wahrlich nicht, was ich glauben soll, und meine, er hätte keine Lust und nicht viel Glauben an unsere Freude darüber, was ihn unseren Wunsch seit seiner Bekanntschaft noch nicht befriedigen läßt... Dann müßte ich schreiben, daß ich mir oft Mühe geben muß, Beethoven nicht so interessant zu finden, da bei meinem in dieser Art interesselosen Leben es leicht geschehen könnte und ich dann in die Lage kommen dürfte, ein wenn nicht unruhiges, doch ein minder ruhiges Leben zu führen, als ich es seit meinen letzten Stürmen gewohnt war. Ich wünsche dennoch sehnlichst näheren freundschaftlichen Umgang mit diesem Manne, weil, wie ich glaube, die Phantasie ihren allzu geschäftigen Spielraum dann verlieren und durch den teilnehmenden Umgang eines so braven, teuern Freundes für andere Freude entschädigt sein würde. Aber er müßte in seiner Weise so mit uns reden wie Duncker; vielleicht ist hier einiges mit weniger Einsicht gedacht, aber der letzte Wunsch ist doch reell, denn was ist dauernder und schöner als der Genuß wahrer Freundschaft in dieser Welt!

12. Juli.

Was aber vorzüglich meinem Wesen das Gesellschaftliche versagte, war das Bewußtsein, Beethoven sei hier, und ich hatte nur einen Augenblick mit ihm gesprochen, mußte ihn kleiner Geschäfte halber verlassen, was mich so unruhig machte, daß ich selbst auf mich böse war.

14. Juli.

Ich ging mir zum Trotz, weil ich bemerkte, daß ich Beethoven erwarte!

28. Juli.

Wie ein Blitzstrahl aus heiterem Himmel traf uns, als wir zu Hause angekommen waren, der Brief von Beethoven mit ihrem Einschluß. So schmerzlich es mir fiel, als ich seinen Brief gelesen hatte, so war es mir dennoch tröstend, denn bei Mamas Worte „er hat aufgekündet" nebst ihrem elenden

Brief fürchtete ich, daß irgendein Mißverständnis usw. zum Grunde liege. Die ersteren Stunden tat mir der Gedanke unendlich wehe, so bald aus aller Verbindung mit einem Mann zu kommen, den ich so sehr schätze und der meinem Herzen seit unserer Bekanntschaft immer lieber geworden ist; doch heute ist es mir weniger schmerzlich, wenn ich denke, wie äußerst herzlich sein Brief ist und daß er mir nicht abhold ist. Dem Anschein nach ist seine Handlungsweise inkonsequent: ich getraue mir aber kein Urteil darüber zu fällen. Denn er sagt ja, daß ihn wichtige Beweggründe zu diesem Schritte bewegen. Sollte vielleicht doch seine gar zu große Ängstlichkeit, daß ihm niemand, selbst die Mutter nicht vorwerfen könne, wäre dieser Vorwurf auch ohne Grund, er sorge nicht für das Wohl seines Kindes? Ich weiß es nicht, aber ich glaube oft ähnliche Schwäche, so fest er übrigens sein mag, von ihm bemerkt zu haben. Aber das weiß ich, wie wehe es mir tut um seinetwillen; denn es ist mir nicht wahrscheinlich, daß dieser Schritt das Wohl des Knaben befördern wird; dann tut es mir auch sehr leid, daß die meisten Menschen wieder über ihn aburteilen werden, und die es nicht tun, beschuldigen unser Haus, was nur Schaden bringen kann. Es könnte noch eine kleine Hoffnung sein, daß ihn Papas Brief von seinem Plan abbringen wird; aber ich weiß ja selbst nicht, ob es sogar zu wünschen ist, denn wenn es dann auf was immer für eine Art fehlschlüge mit dem Kinde, so hätten wir vielleicht die Schuld. Und dennoch halte ich ihn für so gerecht und er sagt in seinem Brief ewigen Dank für das Geleistete und wie wahr und dankbar er von der mütterlichen Pflege spricht! Ich wüßte nicht bald einen Vorfall, der mich so herzinnig gekränkt hätte als dieser! Doch wer weiß, zu was es gut ist, wäre das beste Sprichwort, was man sich angewöhnen könnte.

1. August.

Auch Herr Bernard, Beethovens Freund, kam den Abend: er versicherte uns, daß jener Brief der Mutter gewiß in keiner Verbindung mit dem Wegnehmen des Knaben stehe und er immer mit Dankbarkeit von unserm Hause spräche. Ich glaube es und halte die Ursache davon für den Wunsch, Karln um sich zu haben, denn er liebt ihn gewiß leidenschaftlich, da er das einzige Wesen ist, das ihm ganz angehört. Indes wünsche ich zu des Kindes Wohl, daß er in unserem Hause bleiben möchte, da es gewiß für dasselbe besser ist als bei dem Onkel, der es vielleicht zu spät wünschen wird.

16. August.

Der Tag wurde einer jener ganz dem Anblicke der geputzten großen Welt geweihten und ward mir bald genug oder ich hatte den Tag desto weniger Sinn dafür, da mich des Vaters Äußerungen über unseren teuren Beethoven sehr düster stimmten. Er meinte, er würde nicht lange in dieser Welt ausdauern mit seinem gar zu regen Gefühle gegen die traurigen Zeitumstände nebst seiner Kränklichkeit. Tröstend ist es mir sehr, wieder so bestimmt zu erfahren, daß er nichts gegen unser Haus habe, unendlich leid, fast mit Gewißheit voraussehen zu müssen, daß es für das Kind besser wäre, wenn es bei uns bliebe; dann denke ich zwar wieder, wie weit angenehmer es ihm sein wird, ein Wesen um sich zu haben, das ihm anhängt, doch ich bin ängstlich, daß eben dieses lebhafte Gefühl für den sehr leichtsinnigen Knaben ihn nicht mit der Strenge gegen ihn wird verfahren lassen, welche nötig ist, um die Freude an ihm zu erleben, die nötig ist, um ihm sein Leben angenehmer zu machen. Ich glaube kaum, daß jemand auf der Welt es inniger wünschen kann, daß dieser edle Mensch des Lebens froher würde, als ich. Ich befürchte, daß dieser Wunsch immer unbefriedigt bleiben wird, doch mehr und minder vielleicht und selbst dann will ich mich zufrieden stellen. Der Gedanke fällt mir dann doch auf, daß die Menschen gewöhnlich selbst schuld sind, wenn sie kein Glück finden in der Welt; in ihm liegt auch viele Schuld, doch wenn dies auch ist, ist der Verlust seines Gehörs nicht schon Unglück genug? was gewiß unendlich viel zu der Stimmung seines Gemütes beiträgt und ihn leider so alleinstehen macht.

29. August.

Soeben klagte Beethoven, welcher auf einige Tage von Baden gekommen, wieder hierüber, aber das ist eigentlich sein Steckenpferd. Auch hierüber war ich einige Zeit so ruhig, doch wenn ich ihn wieder höre und seine Herzlichkeit gegen uns mir wohltut, dann wünsche ich wieder, daß er wissen sollte, wie sehr lieb er mir ist und wie wir wünschen, daß wir es auch ihm wären. Er ist recht wohl und sagte uns, er würde gewiß ganz gesund werden, weil er eine sehr gute Konstitution habe, aber nur sehr reizbar wäre...

Ich las neulich einen Gedanken, welcher mir recht treffend schien und ich so passend fand für mein Gefühl, welches mich oft in Gegenwart Beethovens ergreift. Es ist wie bei dem Anblick eines Kunstwerks: wenn man es zum erstenmal sieht, so beunruhigt uns der lebhafte Wunsch, es ganz zu verstehen, zu erkennen, es in jedem Lichte, von jeder Seite zu sehen.

8. September.

Später kam Herr Bernard, welcher mir in Rücksicht Beethovens immer eine angenehme Erscheinung ist. Schon neulich, als er mit Beethoven abends gekommen war und Nanni letzterem alles sagte, was sie auf dem Herzen hatte, war er

mir weit lieber geworden, da er mir anfangs etwas steif und
streng vorkam, und nur vorgestern kam es mir in den Sinn,
daß dieser Mensch mir recht interessant werden könnte, da
er mich doch an Beethoven so sehr erinnert. Es war nur
augenblickliche Stimmung: dieser Bernard ist der einzige
junge Mann, den ich kenne, dessen Äußeres etwas Anziehen-
des für mich hat. Ich kann mir in ihm einen so geliebten
Menschen vorstellen und sein ernstes Wesen gefällt mir, obwohl er weit jünger ist als alle jene, bei welchen mir das
ernste Wesen gefiel.

13. September.

Gestern verlebte ich einen äußerst interessanten Tag in Baden
bei Beethoven. Ich bin auch davon so erfüllt, daß ich einige
Tage nötig haben werde, um in meine vorige ruhige Stimmung zu kommen. Es hat alles, was ich sah und hörte,
so viel Interesse für mich, daß ich es gern umständlicher zu
Papier bringe, obwohl die Erinnerung meinem Gedächtnis
schwerlich je entschwinden wird. Die Vorstellung, zu wem
wir gingen, nebst der Erwartung eines Tages, welcher uns
so ganz nach unserem Sinne im Genuß der freien, hier so
göttlichen Natur verfließen würde, schon brachte mich in eine
frohe Stimmung. Als wir angekommen, war es nicht so
angenehm, als wir es vermutet hatten, denn unser lieber
Beethoven hatte vermutlich uns nicht mehr erwartet; wir
fanden ihn arbeitend und daher zerstreut, so daß wir uns des
drückenden Gefühles, ihm lästig zu sein, nicht erwehren konnten. — Im Park dann die komische Szene wegen Ph., der Aus-
ruf Beethovens: „Dort schleichen zwei Geister" wird mir
immer komisch vorkommen. Als wir aus dem Gasthause nach
Hause gekommen waren, so brachten uns die schlechten An-
stalten, unsere ruhebedürftigen Glieder zu erquicken, wegen

Beethovens Mißvergnügen über die Dummheit seines Bedienten wieder in eine ziemlich unangenehme Lage. Mir tat es so leid um ihn, daß wir Ursache seiner unangenehmen Empfindungen waren. Doch das gab sich bald wieder und als uns unser lieber Beethoven beim Scheiden zurief, wir sollten ihm nicht fluchen, wenn uns etwas fehlte, war alles wieder gut.

16. September.

Doch nun weiter von unserem Badener Aufenthalt. Das hohe Interesse für Beethoven und alles, was ihn betrifft, verleitete uns, einer vielleicht sträflichen Neugierde kein Ziel zu stecken, und wie war es möglich, in einem Zimmer, welches von den Heiligtümern seiner Kunst aufgefüllt war, nicht von dem Wunsch ergriffen zu werden, alles etwas genauer zu besehen! Nanni fand ein Notizbuch, welches dem Anschein nach ganz unbedeutende Dinge enthielt, doch wie sehr wurden wir bald für unsere Neugierde bestraft, als ich die schmerzliche Entdeckung machte, er müsse oft sehr, sehr unglücklich sein. Dieser kindliche Glaube, der hohe Sinn, welcher so fest am Göttlichen hängt, entzückte uns und steigerte unsere Teilnahme, unsere Achtung für diesen seltenen Menschen, wenigstens bei mir, aufs höchste. Es war unrecht, daß wir es angesehen haben, aber durch unseren Blick wurde es nicht entweiht: wir kamen hingegen in die Gelegenheit, den Wert dieses wahrhaft Edeln vollkommener als je zu würdigen. Ich war sehr erschöpft und konnte lange nicht einschlafen, doch endlich behauptete die Natur ihre Rechte. Des andern Morgens erschreckte uns die Szene mit dem Bedienten im höchsten Grade. Unser Unwille gegen den elenden Menschen und Mitleiden, daß jener mit solchen Tieren leben müsse, kannte keine Grenzen; äußerst unangenehm verstimmte mich dieser Vorfall, doch ging es bald vorüber, als er uns zum Frühstücken an der Antonsbrücke nachgekommen war und den Hergang erzählte, seine Heftigkeit entschuldigte und den Kleinen warnte, es nicht so zu machen wie sein Onkel. Es knüpfte sich bald ein äußerst interessantes Gespräch mit dem Vater an, welches sich aus den Bemerkungen fortspann, daß Beethoven unter diesen Menschen ein so trauriges Leben führe und dem durch nichts abzuhelfen wäre, als wenn er eine brave, liebende Frau nähme, weil nur die die tausenderlei traurigen Umstände seines Gehöres wegen mit Geduld ertragen würde. Mein Vater fragte ihn, ob er denn niemanden kenne usw. Ich hörte mit der gespanntesten Aufmerksamkeit in einiger Entfernung zu und erfuhr, was mich ins Innerste der Seele erschütterte, eine lang gehabte Ahnung bestätigt, er liebe unglücklich! Seit fünf Jahren hätte er eine Person kennen gelernt, mit welcher sich näher zu verbinden er für das höchste Glück seines Lebens gehalten hätte. Es sei nicht daran zu denken, fast Unmöglichkeit, eine Schimäre. Dennoch ist es jetzt wie den ersten Tag. „Ich habs noch nicht aus dem Gemüt bringen können" waren die Worte, welche mich schmerzlich ergriffen. Also auch von dieser Seite leidet er; nun waren mir jene Worte auf einem Fleckchen Papier erklärt! Diese Harmonie, sagte er noch, hat er noch nicht gefunden! Doch es ist zu keiner Erklärung gekommen. Fremd stand er nun vor mir und ich drückte meinen Schmerz tief in mein Innerstes zurück; doch nicht lange, so war mein Wunsch wieder so lebhaft, der Vater und überhaupt unsere Familie möchte viel zu seinem frohen Leben beitragen können. Auch bot sich letztere so herzlich an. Beethoven war so überzeugt von unseren Gefühlen der Freundschaft für ihn, daß es mir wohltat. So zerstreut ich war, so konnte ich dieser göttlich schönen Natur meinen Zoll nicht versagen. Er sprach noch viel von dem unglücklichen Verlust seines Gehörs, von dem elenden

Leben, welches er viele Zeit in physischer Hinsicht geführt usw., bis wir bei der Krämerhütte ankamen.

7. Oktober.

Wie angenehm war es mir beim Rückwege, mich mit ihm über manches zu verständigen, was ihm vielleicht unangenehme Augenblicke verursacht hätte, wegen der zu erwartenden Operation Karls. Ich beruhigte ihn über seine Pflege usw. Er war so froh beim Mittagsmahl in Helena und seine Muse umschwebte ihn! Er schrieb mehrere Takte (wie interessant war mir das) und sagte: „Mein Spaziergang mit Ihnen hat mir Noten genommen, doch auch wieder eingetragen!" Der heftige Gewitterregen vereitelte meinen Plan für Nachmittag: als er aufgehört hatte, gingen Leopold, Nanni und ich auf die Langischen Anlagen, der Vater zu Schönfeld und Beethoven nach Hause mit Karln. — Was ich Beethoven mit Nannis Willen zum Dank für diesen vergnügten Tag schrieb, tröstete mich für mein Unvermögen, es mit Worten tun zu können.

28. Oktober.

Erst jetzt komme ich dazu, von Karl Beethovens Operation, unserem Mitgefühl und den Tagen, welche wir an des Kleinen Schmerzenslager zubrachten, etwas zu schreiben. Er wird uns immer lieber und man muß erstaunen, wie vorgerückt dieses Kind schon ist. Ein unendlich angenehmes Gefühl verursacht es mir, daß wir imstande sind, dem guten, ehrlichen Onkel keine ganz gewöhnlichen Dienste zu leisten, daß er es so tief fühlt und wir uns auf diese Weise ein bleibendes Denkmal in seinem Herzen bauten. Er war die Tage hier, ich sprach viel mit ihm von der Mutter, der Ausführung seines Plans mit Karl; er sinnt nur darauf, alles gut einzurichten, und wünschte, bei uns wohnen zu können. Freilich wäre dies das beste, doch der Plan wegen dem Gartenhaus ist nicht ausführbar. Was mich betrifft, so hatte ich noch nie so sehr den Gedanken als jetzt, daß ich diesem Geiste nicht genügen würde, wenn der Zufall oder was immer mich ihm so nahebrächte, doch das Herz — er ist so herzlich, so natürlich, ja das müßte ihm genügen. Der lebhafte Wunsch, diesen herrlichen Menschen in einem sorgenfreien, angenehmen Leben zu sehen, bringt mich oft auf so närrische Gedanken, aber wie ich sage, ich habe es nie so sehr eingesehen als jetzt, wie undenkbar dies wäre.

29. Oktober.

Gestern abends war wider alles Vermuten der teure Onkel Beethoven bei uns und brachte einen jungen Menschen, seinen Landsmann. Als ich ersterem sagte, ich hätte geglaubt, er wäre schon in Baden, so lachte er und meinte, er höre immer mehr auf zu glauben und ich glaube immer; überhaupt war er in so lustiger Laune und da gefällt er uns immer vorzüglich. Wegen seinem Lied, das ich ihm leihen mußte, sagte er auch, er müsse es mir wohl bald wiederbringen (da ich ihn darum bat), schon meiner Liebe zur Wahrheit wegen; es war: „Das Geheimnis, Liebe und Wahrheit" von Winterberg, und so war er voll Späße und Wortspiele. Von dem jungen Menschen ist nicht viel zu sagen: er liebt die Musik, wir spielten und sangen, was ihm sehr zu gefallen schien, und er ist stolz, dem Städtchen anzugehören, welches der Welt einen Mann wie Beethoven schenkte. Wie hart mir ums Herz war und wie Wehmut mein Inneres füllte, als wir mit ihm gingen, das Morgenbrot einzunehmen, kann ich nicht sagen. Aber unendlich angenehm der Gedanke, ihm einen Dienst leisten zu können durch die Pflege des Kleinen, der, wie er oft sagte, unbezahlbar ist. Viel, sehr viel tröstet mich dies für mein Ich und der Gedanke, daß er uns kennt!

1. November.

Die traurige Lage unseres teueren Beethoven betrübte mich die Zeit her ungemein: krank, umgeben von unwürdigen elenden Menschen, ohne Lebensfreuden! Er! es ist schrecklich! Dennoch hatte ich gestern ein angenehmes Gefühl, als der Vater erzählte, er wünsche immer bei uns wohnen zu können, und das Bewußtsein, daß er uns als wahre Freunde kennen lernte, versüßte mir die Bitterkeit des Gedankens, daß er keinen wahren Freund hat, wie er sich ausdrückt, und er allein auf der Welt ist. Ich wollte viel darum geben, wenn diesem seltenen Menschen ein heiteres, vergnügteres Leben verschafft werden könnte. Ich hoffe noch immer, obwohl von der Besserung unserer Zeit wenig zu hoffen ist, welche doch sehr damit in Verbindung steht.

6. November.

Auf dem Spaziergang nach Hause mit ihnen allen begegnete uns Beethoven. Er sieht sehr übel aus und zweifelt fast an seiner Herstellung. Mir machte es einen tiefen Eindruck.

10. November.

Ich schreibe nur ein paar Worte über mein heutiges Gefühl, als ich Beethoven wiedersah. Er war mir so lieb und die Hoffnung, daß er noch lange unter uns leben wird, belebt mich wieder, obwohl er selbst wenig auf seine Gesundheit traut. Ich bin oft so kindisch, daß mich ein kleiner Vorzug, den er Nanni gibt, schmerzt, und ich werde nur dann wieder billig, wenn ich mir oft genug vorgesagt habe, daß ich gar auf keinen Vorzug von ihm Anspruch machen kann und darf. Der Name

Abtissin, den er mir meiner Sorgfalt um das häusliche Leben wegen aufgebracht hat, ist mir nicht ganz recht und der Gedanke, den ich von seiner Meinung damit habe, stellt mich ebensowenig zufrieden als Leopolden im Gegensatz mit Nanni. Mir ist es nämlich nicht recht, wenn er in mir nur eine Haushälterin, und Leopolden, wenn er in meiner Schwester nur eine Dame des Vergnügens sieht. Wäre es mir nur vergönnt, für ihn zu wachen und zu sorgen, ich würde es mit größter Freude tun! Denn er verdient es, daß ein liebevolles Wesen für ihn sorgte! Einigemal habe ich mir die Freiheit genommen, mir solche Szenen ohne nähere Verbindung auszumalen, und mir die Wirklichkeit als äußerst angenehm vorgestellt! Es müßte ihn doch freuen, wenn er es wüßte, daß es mir ein wahres Vergnügen wäre, ihm sein Leben durch so manche häusliche Dienste zu erleichtern!

17. November.

Beethoven war heute hier, er hat sich sehr erholt und ich befürchte nicht mehr soviel, daß seine Krankheit so tief liegt. Ich unterhielt mich, während die andern noch bei der Tafel waren, ziemlich lange mit ihm. Schon lange war er mir nicht so interessant als heute. Es ist alles was wert, was er spricht. So närrisch es ist, das zu schreiben, so muß ich zufolge meiner Empfindung es tun. Es tat mir wehe, daß ihm Nanni lieber ist als ich, als er eine halbe Stunde mit mir ernst gesprochen, sie kam herein — so war er mit ihr gleich so froh und bemerkte mich nicht mehr. Was will ich aber? ich närrisches Mädchen muß ja zufrieden sein, daß er mich noch so lieb hat, als es in der Tat ist. Auf mehr kann ich ja keine Ansprüche machen. Leider, daß ich sie so gern machte! Ich sollte mich schämen, daß ich so bald nach einem Gefühl, was mir so viel Schmerz verursacht hat, in ein ähnliches zu verfallen drohe, welches mir wenigstens unruhige Stunden verursacht; indes meine Empfindungen sind mir klar und es ist unendlich schwer, ihnen zu widerstehen, desto mehr, da ich ein Leben ohne Liebe sehr wenig achte. Es ist das Bedürfnis zu lieben, der lebhafte Wunsch, einen Gegenstand zu finden, der meine Gefühle teilt, der beseligend beseligt: daß dieser Wunsch bei Erkenntnis eines Menschen wie Beethoven rege werden muß, liegt in der Natur; also halte ich mich nicht so tadelnswert. Der Verstand ist dann freilich etwas zurückgesetzt, aber nicht immer. Das Gefühl ist zu mächtig, um ihn nicht manchmal zu unterdrücken.

23. November.

Wenn ich mich putzen könnte, um einem zu gefallen, das wäre dann freilich ganz anderes. Allein dieser eine ist für mich nicht in der Welt. – Ich weiß wohl einen, dem ich recht sehr gern gefallen möchte, doch für den bin ich nicht in der Welt, wenigstens nicht in dieser Beziehung ... Die Musik [Stabler] finde ich gut, doch fehlt ihr für mein und Nannis Geschmack das Gebieterische, um uns zu fesseln. Warum hat uns der Einzige verwöhnt?

5. Dezember.

Vor ein paar Tagen war Beethoven vormittags bei uns und da sprachen wir so viel Interessantes, ich möchte sagen, er erzählte vieles von ihm, was mich so sehr interessierte und dennoch wirklich recht sehr verstimmte. Wir werden ihn wahrscheinlich verlieren. Er wird einen Ort verlassen, an welchem sein hoher Wert nur von wenigen erkannt ist. Wie elend geht es doch in unserem Staate zu! Mit Recht rief er aus, man müsse jetzt nur für den Metzger, Schuster und Schneider arbeiten. Wenn es zu seinem Wohl ist, so ertrage ich gern das schmerzliche Gefühl, ihn nicht mehr in unserer Nähe zu wissen, und jede Hoffnung, durch einen näheren, vertraulichen Umgang ihm manche unangenehme Beschwerde des häuslichen Lebens weniger fühlbar zu machen. Wenn mir nur die Hoffnung bliebe, ihn wiederzusehen oder wenigstens immer zu wissen, ob es ihm wohlgeht! Doch mag es sein, wie Gott will; im Innersten bleibt er mir immer, was er ist, und so hoffe ich es auch von ihm; der Gedanke sei mein Trost! Obwohl er es doch nicht ganz weiß, wie sehr mein ganzes Wesen von hohem Interesse für sein Wohl erfüllt ist.

16. Dezember.

Gestern verlebte ich einen äußerst angenehmen Abend in Beethovens Gesellschaft. Er war guter Laune oder, wenn ich nicht irre, besonders wohlwollend für uns eingenommen. Mit der freundlichsten Güte beantwortete er unsere kleinen Fragen und Berichtigungen und was er überhaupt sprach, hatte alles so viel Gehalt und war uns allen so voll Interesse, daß ich noch mehr von ihm eingenommen sein würde, wenn es möglich wäre. Obwohl ich ihn mir ohnedies nicht anders denken kann, als daß er gründliche Kenntnisse nicht nur allein über das, was seine Kunst betrifft, besitzt, so war es mir doch unendlich angenehm, es in seinen Äußerungen so sehr bestätigt zu finden. Mit einem Worte, je näher man diesen seltenen Menschen kennen lernt, desto mehr Wert findet man an ihm. Doch warum schreibe ich diese ewigen Wiederholungen, ich fühle mich so oft leider zu sehr davon durchdrungen. Bei Rohmanns erster Musik am 12. entlockte mir das neue Lied „An die entfernte Geliebte", von Marien gesungen, Tränen. Das Herz hat es geschrieben! Wie interessant muß dies Wesen sein! Doch seine Phantasie leiht ihr vielleicht so viel Interesse? Nein, nein, er sagte ja, nie habe er mehr Harmonie gefunden! und wer so ganz im ganzen Umfange seines Wesens mit ihm harmoniert, ihn versteht, der muß ihm sehr ähnlich sein und daher von recht sehr hohem Wert sein!

20. Dezember.

Einen noch angenehmeren Abend in Beethovens Gesellschaft. Er schrieb zu Nannis Entzücken ihr das kleine neue Lied, dessen Manuskript sie als Reliquie verwahrt.

25. Dezember.

Am Stephanstage waren wir abends ganz einsam und die gewöhnliche Hoffnung, welche mich die Sonntagsabende belebte, Beethoven zu sehen, war dem Verlöschen nahe, als er dennoch kam. Doch nicht wie gewöhnlich mit ihm das Vergnügen; denn er war sehr einsilbig und las immer in einem Hauskalender. Wir überzeugten uns aber nachher, daß es mehr physisch war, obwohl wir auch einen gewissen Teil seiner übleren Stimmung dem Verdrusse zuschrieben, welchen er mit den Bürgern gehabt! Der Vater war ganz entrüstet über das Publikum vom Mittwoch, welches so wenig den Wert seines Meisterwerks zu würdigen verstanden und keinen Sinn dafür hatte, ihn an der Spitze zu sehen. Der Abend endete auf die komischeste Art. Beethoven neckte uns wie wir ihn wahrhaft kindisch und kindlich; denn ich bewundere oft das wahrhaft kindliche Gemüt dieses Mannes. Wir schäkerten miteinander und als er mit Leopolden fortgegangen war, so verdanke ich es nur der Stimmung, welche er mir hinterließ, daß ich nicht wehmütig wurde, als ich sein himmlisches Lied „An die ferne Geliebte" sang. Ich kann nicht helfen, wenn mein ganzes Leben mit ihm erfüllt ist; wo ich bin, in meiner liebsten Beschäftigung, ist er auf meinem Wege und erhöht sie mir zum höchsten Genuß. – Auch im Zirkel bei Rohmann, wo nichts mich an ihn erinnern sollte, umschwebte mich sein lieblicher Geist und bewegte meine Seele in sanfter Wehmut. Manchmal war diese Wehmut freilich wohl nicht so sanft, denn das Gedicht, was man unwillkürlich auf ihn anwendet, macht sie schmerzlich.

29. Dezember.

Kaum hatte ich gestern zu schreiben aufgehört, als uns der herrliche Mensch wieder besuchte. Es freute mich desto mehr, weil es so ganz aus freiem Antrieb zu geschehen schien und er sich wohlbefindet in unserem häuslichen Zirkel. Überhaupt sind wir auf einem wenigstens dem Äußern nach recht vertraulichen Fuße mit ihm. Es muß ihn unsere bewährte Freundschaft näher bringen; denn das ist sie!

6. Januar 1817.

Gestern Gesellschaftskonzert. Abends mit Beethoven recht vergnügt, obwohl Mamas Kränklichkeit mich sehr drückt. Er war wieder krank.

11. Januar.

Abends verlebten wir mit Beethoven so wie seit einer Woche fast alle Abend. Ungemein beglückend ist mir der Gedanke, daß wir ihm etwas sind. Ähnliche Geschichtchen wie mit dem Ring an seinem Finger, der bedeutenden Antwort auf Nannis kindische Frage, ob er noch außer der fernen Geliebten jemand liebe – erregen in mir ein bitter wehmütiges Gefühl, was an Eifersucht grenzt. Doch es ist nur der Gedanke, daß mir kein Glück der Liebe beschert ist und daß ich mir so klein gegen ein Wesen vorkomme, welches große Vorzüge besitzen muß, weil sie ein so hohes Interesse bei solch einem Mann erregte.